U0836879

"十四五"职业教育国家规划教材

物流客户服务

(第三版)

常 莉 主编

中国财经出版传媒集团
中国财政经济出版社
· 北京 ·

图书在版编目（CIP）数据

物流客户服务 / 常莉主编．--3 版．--北京：中国财政经济出版社，2023.9（2025.7重印）

“十四五”职业教育国家规划教材

ISBN 978-7-5223-2474-6

Ⅰ.①物… Ⅱ.①常… Ⅲ.①物流企业-客户-销售服务-职业教育-教材 Ⅳ.①F253

中国国家版本馆 CIP 数据核字（2023）第 163845 号

责任编辑：王佳欣　　通　　读：卓文娟

封面设计：卜建辰　　责任校对：胡永立

物流客户服务（第三版）

WULIU KEHU FUWU（DISANBAN）

中国财政经济出版社 出版

URL：http：//www. cfeph. cn

E-mail：cfeph@ cfeph. cn

社址：北京市海淀区阜成路甲 28 号　邮政编码：100142

营销中心电话：010-88191522

天猫网店：中国财政经济出版社旗舰店

网址：https：//zgczjjcbs. tmall. com

北京密兴印刷有限公司印刷　各地新华书店经销

成品尺寸：185mm×260mm　16 开　10.5 印张　248 000 字

2023 年 9 月第 3 版　2025 年 7 月北京第 2 次印刷

定价：32.00 元

ISBN 978-7-5223-2474-6

（图书出现印装问题，本社负责调换，电话：010-88190548）

本社质量投诉电话：010-88190744

打击盗版举报热线：010-88191661　QQ：2242791300

编写说明

本书是“十四五”职业教育国家规划教材，作为中等职业学校财经商贸类教材使用。

在市场竞争越来越激烈的今天，客户服务战略的影响力日益强大，用卓越的客户服务赢得市场已经成为企业界的共识。物流企业因其产品的特性，重视客户服务，借优质服务提升企业竞争实力成为必然。如何提高客户服务质量，如何确保员工规范履行工作职责，保证在与客户接触的每一个节点都能被认可是物流企业面临的共同话题。

基于企业对物流客服岗位的需求和职业教育的特点，依据《中等职业学校物流服务与管理专业教学标准（试行）》，本教材立足于物流企业客户服务的各个岗位，以客户服务理念为引领，系统介绍了物流客服岗位的工作流程、工作内容及行为规范等内容。教材在编写过程中坚持以工作流程为依托，以工作内容为主线，以工作标准为核心，实现了从理念到实操的华丽转身，突出了对学生职业素养和职业技能的培养和训练。

本次教材修订将贯彻落实党的二十大精神，把全面推进习近平新时代中国特色社会主义思想和党的二十大精神融入教材作为新视点和新思路，结合课程特点和教材内容的设置，将劳动创造价值、民族自信、勇毅创新等新时代思想贯穿教材每个项目任务之中，充分挖掘教材的育人作用，实现价值塑造、知识传授和能力培养的有机融合，形成育人合力。教材在修订中选用具有较强现实感新时期典型案例作为引领，抽丝剥茧，以小见大，在学生的脑海中种下守正创新、自强不息的种子；精选【拓展提升】部分内容，让学生在学习中感受到时代发展的强音，体会幸福生活的源泉，从内心深处激发学生学懂、学通、学精专业知识、掌握专业技能，立身时代潮头的愿望；从而实现教材应有的铸魂育人实效。

本教材采用项目任务式编写模式，按照客户信息收集与运用、客户服务基础业务、客户关系维护等工作进程设计项目任务；各任务设置了【任务描述】、【任务目标】、【任务实施】、【任务评价】、【拓展提升】等板块。【任务实施】中设有两个模块：【知识准备】模块提供完成任务必备的基础知识，突出重点、简明实用是选材和编写的原则；【小组活动安排】模块选择了契合物流客户服务工作要求和职业教育特点的内容作为活动的课题，意在帮助学生运用所学知识。【拓展提升】模块提供与项目任务相关联的拓展知识，旨在提升学生的知识运用能力或拓宽其知识面。项目最后设置【巩固提高】模块，旨在帮助学生开展自我检查。本教材在文字上力求通俗易懂、言简意赅，并借用图形、小贴士等直观形式再现核心知识，帮助学生理解、记忆重点知识；力求版面活泼、新颖和生动，贴近学生的心理认知特点。

本教材主要用于财经商贸类中等职业学校物流服务与管理专业的教学，也可作为物流企业客户服务岗位岗前培训教材使用。本教材建议课时为72学时，建议理论教学与实践性活动课时各占50%，具体分配如下：

序　号	内　　容	教学时数
1	项目一　走近客户服务　体验物流客服	12
2	项目二　获取客户信息　管理客户档案	10
3	项目三　实施客户分类　管理客户资信	10
4	项目四　接待物流客户　受理订单业务	14
5	项目五　处理客户投诉　学会投诉管理	14
6	项目六　关注客户满意　维护客户关系	12
7	合　　计	72

本教材由武汉市财政学校常莉任主编，深圳宝安职业技术学校王丹编写项目一和项目五，武汉市财政学校常莉编写项目三和项目六，深圳宝安职业技术学校余全定编写项目二和项目四，全书由常莉统稿。

物流客户服务是一个综合性、应用性极强的学科。本教材在编写过程中力求好用、易读，在实用性方面做了最大的尝试。

限于编者水平，本教材难免有疏漏及错误之处，敬请广大读者和专家批评指正，以期在下一版修订时完善。

本教材为用书学校任课老师提供了课后习题答案和电子课件，如有需要，请以电子邮件形式向中国财政经济出版社索取（请注明：学校、全书名、版次，E－mail：caijingjiaocai@163. com），亦可登录如下网址下载：http：//jiaocai. cfeph. cn。

编　者

2023年9月

目　录

1 项目一 走近客户服务　体验物流客服

思政目标

树立乐于付出、爱岗敬业的职业道德观。

知识目标

1. 认知客户服务的重要性。
2. 理解物流客户服务的含义和宗旨。
3. 知晓物流客户服务的工作原则。

技能目标

1. 能从物流企业业务流程中感知物流客户服务岗位的工作内容。
2. 能遵循首问负责制，履行客服服务基础岗位职责。

素养目标

树立服务意识，培养客服人员的基本素质。

任务一 走近客户服务

思政案例
疫情无情人有情
甘当敬业好客服

任务描述

刘铭丽是长海物流公司新招录的员工，被分配到客户服务部实习，负责客户接待工作。这天部门主管传达了公司重大事件，其中之一是：因疫情防控需要，公司1号门和2号门专门提供运送防疫物资，其他往来的车辆和人员只能走3号门。面对不可抗力的变化，公司希望能为客户提供帮助，方便人员和车辆出入；同时想办法提前通知往来单位，降低他们的抱怨。客服部该做些什么？怎样做呢？

任务目标

1. 明确企业的客户。
2. 阐述客户服务的重要作用。
3. 运用客户服务理念处理客户问题。

任务实施

一、知识准备

（一）客户的界定

1. 客户的含义

我们在生活中经常听到人们说“这是我们的客户”，那么，什么是客户？谁是企业的客户？

客户是指为满足某种需求而购买企业产品或接受服务的群体，即与企业有直接的经济往来的个人或组织。他们可能是供应链条上的中间人，如产品或服务的经销商、代理商等，也可能是产品或服务的最终消费者。这两者是企业客户最重要的组成部分，是企业服务的主要对象。在特定的经济关系中，企业员工、公司股东、政府机构和社区居民也会被视为客户。

企业产品的经销商、代理商、消费者或使用者是企业最重要的外部客户，是企业服务的对象。公司股东、员工是企业的内部客户，企业通过盈利，使股东的投资得到增值；企业通过员工将优质的产品和服务传导给外部客户；政府机构以及社区居民等是构成企业外部营销环境的重要因素，服务好政府机构、社区居民有利于企业树立良好的社会形象，赢得更多的市场机会。

2. 物流企业的客户

物流企业的客户主要是指接受企业提供的仓储、运输、流通加工、配送以及信息咨询等各项服务的单位或机构。在供应链条上，物流企业的服务连接着实物产品的供需两端，为客户、客户的客户提供更专业、更便捷的物流服务。

小贴士

物流客户

客户是企业的重要资源，能够为企业带来经济利益，它与物流企业的运输车辆、仓储设备一样是不可或缺的资源。在供应链上，处于下游的企业是上游企业的客户，物流企业为供应链条上的企业提供物流服务，是他们的物流服务商。

体验活动

选择一个网上商城，分析该商城与银行、商家、物流服务商、网购者之间的关系，确定谁是谁的客户。

____

____

3. 客户不同于顾客

客户不同于顾客，顾客通常是一个泛指，是指可能光顾企业的个人或机构。而客户则是企业明确的服务对象，在企业的信息系统中，有详细的客户信息记录，如企业名称、资金、人员和经营规模等。

（二）客户服务的含义与宗旨

1. 客户服务的含义

客户服务是企业以客户为中心，不断听取客户的问题，对客户的需求做出反应，并探寻新需求的一个完整过程。

客户服务是企业与客户之间的一种互动，客户依托企业实现需求，企业通过各种途径满足客户的需求，其目的是盈利并建立良好的客户关系。例如，实际工作中，很多企业通过设置呼叫中心或客户服务中心，解答客户的各种问题；物流企业通过网站或免费电话，为客户下单提供方便，满足客户适时查询货物动态的需求，方便客户安排收货工作和后续经营活动，这些都是企业客户服务的内容。

小贴士

客户服务的优势

经营企业最便宜的方式是为客户提供最优质的服务，而客户的推荐会给企业带来更多的客户，在这一点上企业根本不用花一分钱。

——美国斯坦林电讯中心董事长大卫·斯坦博格

体验活动

在网上搜索一个免费客服电话并拨打该电话，了解该公司的电话服务，体验其客户服务工作的部分内容。

____

____

____

2. 客户服务的宗旨

客户服务的宗旨是客户满意。客户服务工作秉承“以客户为中心”，追求客户满意的服务理念，通过多种方式和渠道贴近客户、了解客户，进而掌握客户的需求；通过与客户最有效的沟通达成客户的意愿，并通过赏识客户、答谢客户拉近与客户的关系。

以“客户满意”为宗旨的优质客户服务有助于企业树立良好的品牌形象，成为行业内的领袖；优质的客户服务有助于企业赢得客户的好评，令老客户回头，新客户光顾，从而实现客户队伍的扩大。

小贴士

关于客户服务的统计数据

（1）94%的客户会因为服务不佳而离去。

（2）89%的客户会因为问题没有得到解决而离去。

（3）妥善解决客户投诉，可挽回75%的客户。

（4）不满意的客户中只有67%的客户会投诉，其他的直接离去。

（5）1位不满意的客户，平均会向9位亲友讲述不愉快的经历。

（6）吸引一个新客户所需的费用是维护一个老客户的6倍。

3. 客户服务的理念

（1）客户永远是对的。“客户永远是对的”不是从一时一事的角度界定的，它要求企业重视和尊重客户的意见和感受，不挑剔个别客户的不当言行，用换位思考的态度解决客户的难题。坚持“客户是企业的利润源泉，不是麻烦的制造者”的观点。

（2）满足客户的需求。要做到满足客户的需求，必须高度重视客户的意见，让客户参与决策；站在客户的立场分析服务过程，完善服务内容和服务方式，强化售前、售中和售后服务的内容。

（3）坚持5S服务。5S是指微笑（Smile）、迅速（Speed）、诚恳（Sincerity）、技巧（Skill）和研究（Study）。5S服务即客户服务人员应用微笑表达对客户的感谢，传递阳光、开朗和体贴的情绪；用迅速的决策减少客户的等待；用诚恳的工作态度尊重客户；用熟练的工作技能赢得客户的信赖；用专注的学习态度去研究客户的心理，总结探寻和满足客户需求的技巧。

体验活动

探访中国移动的客户服务中心，了解客户服务人员的工作内容，观察服务人员的穿戴与言行，体验客户服务人员的亲和力。

____

____

____

（三）优质客户服务的重要性

在市场竞争日趋激烈的今天，产品同质化使有形产品、技术不再是企业获取竞争优势的独门利器，用优质的客户服务竞争制胜已经成为共识。

（1）优质的客户服务以创新为主要特征，它摒弃了传统服务的缺陷，代表着理念的进步和服务的完善。

（2）优质的客户服务令客户感受到企业对其的重视和尊重，实现了客户自我实现的需求。

（3）优质的客户服务有助于企业成为行业的标杆，树立起企业的品牌形象。

（4）优质的客户服务有利于企业建立合适而稳定的客户群，避免客户的流失。

小贴士

优质客户服务的特性

（1）服务时限更短，注重快速反应。

（2）服务流程合理，追求无缝衔接。

（3）服务标准清晰，强调规范操作。

（4）服务预见性和适应性强，紧随客户需求变化。

（四）客户服务认知误区

1. 客户服务是客户服务部门的专项工作

客户服务首先表现为一种服务理念，在这个理念支配下，企业在机构设置、服务项目的拟定、服务流程的设计、服务标准的制定上都应坚持“以客户为中心”的原则；员工应树立“服务无处不在”的思想和态度，用积极的心态去解决客户的问题。

客户服务部门是企业设立的专门与客户打交道的部门，其核心职能是与客户进行沟通和交流，属于企业的窗口部门。企业客户服务部员工直接面对客户，了解客户的需求和问题，并将这些问题传导到生产、营销、客户服务等相关作业部门，各部门通力配合，共同解决客户的问题。所以客户服务不是客户服务部门的专项工作。

2. 客户服务就是推销产品

客户服务不是推销产品，但优质的客户服务有助于企业产品的推广。客户服务并不是面对客户的推销或推介，而是以为客户提供帮助、拉近与客户的距离为首要任务，如为客户查询业务类型和收费标准 ，处理客户投诉等。优质的客户服务能树立起客户对企业的信任，进而选择企业提供的服务。

3. 客户服务就是笑脸相迎，笑脸相送

微笑能有效拉近人与人之间的距离，微笑服务能在短时间内获得客户的认可，所以在客户服务中微笑必不可少。但客户服务绝不是简单的笑脸相迎和笑脸相送，用心服务，用专业的技术知识、熟练的职业技能为客户提供贴心的服务才是客户服务的关键。

二、小组活动安排

（一）活动内容

采用多种途径告知客户公司出入路径的变更，拟定指示牌的文字内容；并在现场设置指示牌。

（二）活动要求

（1）会使用恰当的语言安抚客户。

（2）能够借助公司网络、邮件、电话和指示牌等工具与客户及时沟通。

（3）了解客户的重要性，会通过特定的方式传递公司对客户的重视。

（4）会区别对待重要性不同的客户。

（三）活动步骤

1. 实地走访，组织讨论

选择一个有类似情况的公司，深入现场，了解施工情况对车辆和行人出入的影响程度；或由任课老师简要地说明情况。各组组长组织组员围绕以下问题开展讨论，并记录讨论结果。

（1）施工会对哪些人群产生影响？

（2）他们的感受是不是都需要本企业去告知和安抚？

（3）如果不管不问，会产生什么样的后果？

2. 选择沟通的方式

了解公司与客户沟通的平台，选择不同的方式与客户沟通。在网络平台上发布通知，广泛性地告知客户公司出入情况的变更；对公司的大客户、老客户，采用邮件或电话提醒的方式做特别的说明；对于临时打进电话的客户，在必要的时刻加以提醒。在企业周边合适的地段设立指示牌，方便前来拜访的客户和车辆出入。

小贴士

各种沟通方式的特点

公司与客户沟通的平台和渠道大体上有网络、邮件、电话等形式。在网络平台上发通知属于告知性的沟通方式，需要客户实时关注；邮件告知属于主动性通知，通知范围较小；电话通知既可以采用主动性的，也可以在客户打进电话时主动提示；制作告示牌则属于公众性的告知。

3. 确定通知书或指示牌的内容

通知书或指示牌的内容必须包括两个方面：一是情况说明；二是致歉或致谢。

（四）成果展示

（1）每组展示工作策划方案，并派代表解说。

（2）小组指派代表朗读网络通知书和指示牌的内容。

任务评价

一、小组活动评价标准

组长负责评价每个组员的工作过程，量化评价标准，总分值为 30 分（见表 1－1）。

表 1－1　小组成员评价表

小组名称：＿＿＿＿＿＿　　组长：＿＿＿＿＿＿

小组成员	态度（5 分）	互助与合作（10 分）	倾听（5 分）	展示与效果（10 分）

（1）态度：用心完成活动任务，并找到自己的疑惑，提出问题；积极参与小组讨论，大胆阐明自己的观点。

（2）互助与合作：帮助组内其他成员解决问题，与小组成员一起分享资源、观点，分担任务和责任。

（3）倾听：认真倾听他人的观点，并能针对其他成员的观点提出自己的观点与见解。

（4）展示与效果：各小组派代表发言，全面、准确汇报小组共同的学习成果。

二、教师评价标准

教师负责评价每组的任务完成情况，量化评价标准，对工作结果进行评价。总分值最高为 70 分（见表 1 –2）。

表 1 –2　小组学习评价指标

序号	评价指标	分值（分）
1	能在规定时间内小组合作完成工作任务并顺利展示。观点新颖，符合客户服务理念的要求；表述清晰、语言生动	60 ~ 70
2	能在规定时间内完成工作任务，能做展示。有自己的观点，表述清楚	50 ~ 59
3	在教师或其他组的帮助下完成工作任务，有展示	40 ~ 49

三、教师点评

教师进行点评时，汇总小组评价，对小组评价后做总结点评，每个学生最后得分为所在小组分值加上成员评价分值。

拓展提升

海尔公司的客户服务理念与执行

一、客户服务基本理念

海尔的服务理念是以客户为中心，真诚、主动、专业、高效地为客户服务，将客户的需求作为第一选择，以客户满意为第一标准，为客户提供优质的产品和服务，大力实施客户满意战略，满足客户个性化需求。推进服务创新，拓展服务渠道，增加服务内容，在追求客户价值最大化的同时实现企业价值最大化。

二、客户服务理念的具体化

海尔基本客户服务理念的执行体现在五个方面，由此形成具体化的服务理念（见图 1 –1）。

三、海尔引领行业趋势、打造全程服务

1. 消费需求日渐多元化，售前服务被关注

随着生活水平的提升，消费者对家电服务的需求也在不断提升，希望能在售前就享受到服务关怀成为新的需求点。面对消费者的需求升级，海尔在第一时间做出了改变。客户小谢这样说：“昨天晚上在网上跟海尔设计师沟通后订了一套家电，没想到今天早晨海尔的服务

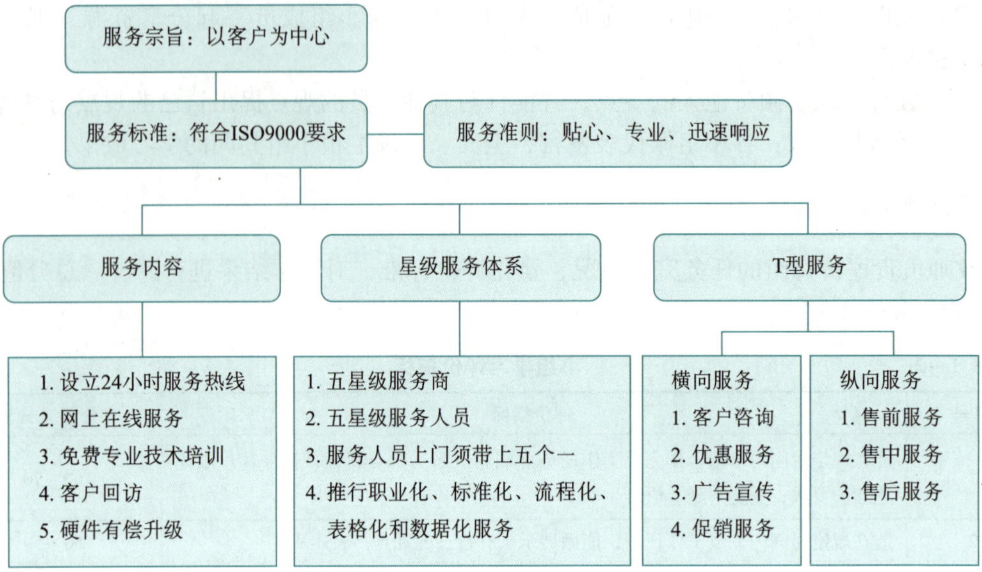

图 1-1 海尔客户服务理念具体化图

人员就送货上门了，还对安装进行了专门的设计，既保证了产品的使用效果，又保持了房间的装修风格。海尔的服务真的是想在我们前面，做到我们心里。”

2. 售前、售中、售后全程无忧

在“一切以用户为中心”理念的指导下，海尔率先推出一套集售前、售中、售后各环节的全流程服务模式，开辟了行业成套服务的先河，最大化地维护了消费者利益。在售前，海尔服务人员会根据消费者需求免费上门设计家电组合方案，为消费者提供免费打孔、预埋管线的服务；售中，海尔实现即买、即送、即装，并且安装前免费为消费者测甲醛、测电，消除安全隐患，正在装修的消费者还可以根据装修进度要求分批送货；售后，成套会员可享受 8 ~ 10 年延保、终身免费清洗保养等服务。

海尔从消费者的角度出发，力所能及地给予客户人性化关怀和体贴入微的服务，极大地引发了消费者的情感共鸣，“从来没有想过可以足不出户就选到心仪的家电，海尔的设计师专程上门来给我家设计装修方案，让我省去了奔波之苦，对于我们上班族来说，太省心了。”成套精致服务的推出，极大地提升了海尔的美誉度，也促进了口碑向订单的转化。

海尔的服务创新和前瞻性，使服务升级不再停留在售后的层面，不再以最基本的服务承诺兑现和保修期延长为主要手段。首创成套精致服务，以虚实融合的方式从售前、售中、售后各个环节给予消费者最贴心的人性化关怀。由于真正站在消费者的角度思考，全面超越了消费者的服务需求，海尔的成套精致服务受到消费者的一致认可，成就了海尔三次蝉联全球第一的傲人业绩。海尔的成就告诉我们，在消费者的需求不断变化的环境下，企业只有持续推出能够满足用户潜在需求的服务新举措，才能不断感动用户、赢得客户。

海尔的客户服务理念不是一个空口号，而是实实在在的工作内容和严格细致的执行标准。“以客户为中心”的服务宗旨、以国际质量体系认证标准为指导、以“贴心、专业、迅速响应”为服务准则，在此基础上构建起五星级服务体系，并从纵横两个视角设定服务内容，由此将企业客户服务理念的触角深入到消费者的生活中，将客户服务工作落实到消费者的需求中。

任务二
初识物流客户服务

任务描述

某日刘铭丽在前台值班，这时来了一位客人，他打算将部分物品从湖北武汉发往山东省威海市下属的乳山市银滩度假村。但该客户对公司的业务范围、运输业务的收费标准、货物邮寄时间以及公司能否上门收货等问题不清楚，所以上门咨询一下。刘铭丽该怎么做呢？

任务目标

1. 知晓物流客户服务的含义、要素。
2. 阐述物流客户服务的特点。
3. 知晓物流客户服务的工作内容。

任务实施

一、知识准备

（一）物流客户服务的含义

物流客户服务是指物流企业为客户提供物流服务过程中发生的各种交互活动。物流企业的客户服务在内容和形式上有别于制造业和流通业：制造业、流通业的客户服务着重于售后，关注客户在销售、使用产品过程中发生的各种问题和需求；而物流企业的客户服务关注服务产品传递的交易前、交易中和交易后的全过程，更注重与客户的实时沟通，这是由物流行业的服务特性和服务产品的无形性决定的。

（二）物流客户服务的要素

物流客户服务要素包括交易前要素、交易中要素和交易后要素三个方面，其要素构成如图 1－2 所示。

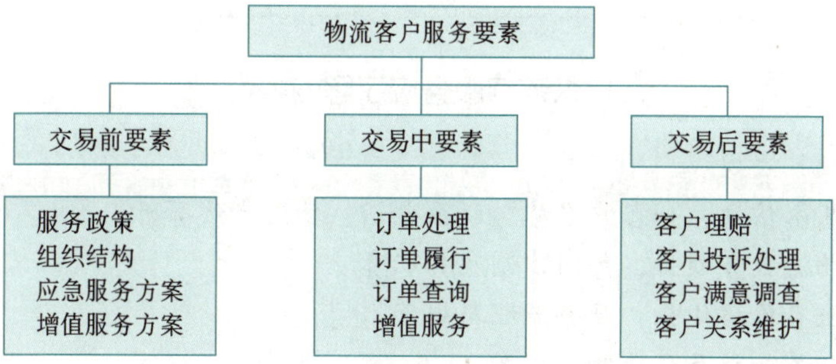

图 1－2　物流客户服务要素

（1）交易前要素。交易前要素是客户在接受服务前应该了解和知晓的内容，包括企业的服务政策、组织结构等。它的作用是告诉客户企业能做什么、企业会怎样做、怎样应对突发情况以及客户承担的风险及责任等。

（2）交易中要素。交易中要素是物流企业在提供物流服务过程中的各项服务要素。它涉及企业的服务效率、服务质量和客户感知，如订单处理、加急发货等。

小贴士

交易中要素

交易中要素主要围绕物流服务开展设定，涉及备货保证、输送保证和品质保证三个方面。

（3）交易后要素。交易后要素是企业根据客户的要求提供的后续服务，如服务跟踪、客户理赔、客户的投诉处理以及交易后所形成的逆向物流的处理等，它的作用是及时弥补服务中存在的问题，减少客户损失，密切客户关系。

体验活动

登录顺丰速运网页，查看“产品及服务——增值服务——保价服务”项目，体验交易前的客户服务内容。

____

____

____

（三）物流客户服务的工作内容

1. 回复客户咨询，引导客户下单

客户咨询的目的是获得帮助，是企业赢得订单的良机。客户咨询有电话咨询、网上咨询和登门到访咨询。无论何种咨询方式，物流客户服务人员应在准确掌握企业业务内容、业务处理流程以及各个职能部门的工作权限和职责的基础上，快速解答客户的疑问，给出解决问题的办法，并引导客户下单。

小贴士

提供咨询服务应了解的内容

（1）物流政策法规。

（2）客户基本信息，如客户名称、联系电话、物流专线等。

（3）公司物流服务项目，部门建制及其职责。

（4）物流服务价格体系，服务流程与规范。

（5）物流相关知识及企业物流方案。

2. 协助客户修改信息，提供查询服务，反馈物流服务信息

客户在下达订单后，会因为各种原因更改信息，如修改收货地点、收货人，或者收货时间等，客服人员在了解详情后，结合企业规定进行处理，并与客户确认订单信息的变更。客户订单查询有电话查询、网上查询和短信或微信查询等方式，各种方式的工作重点也有所不同。

（1）受理客户电话查询时，客服人员按要求提示客户提供订单号等相应信息，帮助客户准确查询货物信息。

（2）客户进入企业软件系统查询，网络客服人员应主动关注客户状态，给客户必要的帮助，同时对网上填写的工单进行核实、整理。

（3）客户在网站留言查询，客户服务人员应及时处理，尽快答复客户。

（4）客户使用短信或微信方式查询货物，客服人员则应使用企业规定的回复语言和格式及时向客户手机发送信息。

3. 受理客户投诉，解决客户问题

当客户进行投诉时，客服人员应冷静、积极地与客户进行沟通，并做好以下工作：

（1）认真听取客户的表述，记录客户投诉事件和理由。

（2）判断投诉是否成立，分析客户意图和要求，判断事件归属部门。

（3）协助相关部门积极解决投诉问题。

（4）跟踪投诉事件，了解客户对投诉事件解决的满意程度。

（5）定期统计客户投诉记录，出具汇总表。

（6）分析客户投诉，为改善服务质量提供建设性意见。

体验活动

选择学校附近的某个大型超市，看看客服人员是怎样处理客户投诉的。

____

____

____

4. 协助理赔，弥补客户损失

（1）业务事故发生后，第一时间与客户联络，告知事故详情。

（2）及时获得“事故报告单”和“配送单”复印件等资料。

（3）协同相关部门确定责任人，根据企业货物残损、丢失等文件确定赔付方式和金额，出具事故处理意见。

（4）填写“理赔款领取凭证”给客户或通知责任人赔偿。

（5）定期做出理赔报表及事故原因分析报告。

5. 开展客户调查，掌握客户需求和满意度

掌握客户需求，开展客户满意度调查可在日常工作中不定期完成，也可以通过定期组织的调查活动来实现。定期组织的客户调查，需设计专门的组织程序和与调查专题相吻合的调查表；客服人员按要求发放调查表，并选择合适的方式回收调查表；客服部门主管组织人员

有计划地对调查表进行分析，发现客户需求的类型和特点，为开拓服务项目、改进服务质量提供依据。

6. 定期回访客户，维系客户关系

客户拜访和客户关怀是企业中常用的维系客户关系的方式，拜访客户必须先制订合理的拜访计划，以确保拜访目的的实现；客户关怀是企业为了稳定销售、保持已有的资源优势，定期或在对客户有特殊意义的时刻，进行礼节性拜访和友情性关照的活动。其目的是表达企业对客户的重视，让客户心存感激，以树立品牌形象。

小贴士

物流客户服务实施过程的工作内容

交易前	1. 收集客户资料，了解客户需求 2. 确认企业是否具备相应的条件满足客户需求 3. 向客户说明企业的物流服务项目 4. 若存在问题，安排补救措施
交易中	1. 受理客户订单 2. 实施物流服务作业流程 3. 实现客户查询需求
交易后	1. 实时回访或定期检查，及时解决服务中存在的问题 2. 为客户企业提供指导和培训 3. 探寻其他需要解决的问题

（四）物流客户服务的特点

1. 客户服务全程化

在物流业，客户服务贯穿物流服务的全过程。交易前，挖掘客户的需求，准确传递产品和服务信息，使客户便捷地找到合适的服务产品；交易中，实时跟进，或与客户进行深度沟通，预见合作中可能出现的难题，以提升物流解决方案的前瞻性；交易后，通过开展客户满意度调查、客户拜访等途径拉近与客户的距离，维系良好的客户关系。所以在物流业，完善的客户服务系统能强化物流服务的主动性，确保服务的超前性，实现服务产品的多样性。

2. 客户服务个性化

物流的本质就是服务。生产企业、流通业以及其他行业因其所具备的社会功能不同，物流需求也不同，制造业内部，产品的工艺、流程、生产周期和营销策略的不同决定了物流需求的千差万别。适应不同企业的差异化需求，为客户量身定做物流服务方案，这正是物流客户服务的显著特点。以个性化为特征的创新性客户服务令客户获得专享个性化的服务，让客户体验到企业的重视。

3. 客户服务信息化

现代物流的客户服务越来越重视信息化。依托信息系统操作平台和网络化操作渠道。

物流信息系统操作平台和网络化操作渠道除了能够接受订单，迅速地向客户提供服务外，还能帮助企业获得更多的客户需求信息，如需求周期、生产进度等，从而实现内外资源的整合运用，提升随客户项目扩张的跟进能力，为客户提供超越竞争对手的实时性服务。

体验活动

登录顺丰速运网页，查看“快件托运——快件追踪”要素的内容，体验物流客户服务的特点。

____

____

____

二、小组活动安排

（一）活动内容

接待客户，向客户传递企业服务范围、服务方式、服务流程等信息。

（二）活动要求

（1）能从交易前、交易中和交易后三个方面实施客户服务。

（2）与客户沟通，详细了解客户的需求。

（3）告知客户交易中的工作事项。

（4）对客户进行交易后的电话回访。

（三）活动步骤

（1）礼貌迎接客户，在指定的地点接待客户。

（2）准备工作笔记本，与客户沟通，详细了解客户的需求。

①详细询问货物的类别，有无违禁品、易碎品等。

②获取货物目的地信息，查询公司能否将货物直接送达，并告诉客户收货地点和收货方式。

③是否需要上门收货。

④有无运输时间要求。

⑤明确告知客户收费标准。

小贴士

快递运费的计算方式

（1）计费标准。快递行业计算货物运费时需比较货物的实际重量与体积重量，然后按其实际重量和体积重量中较高的计费。体积重量（也称材积）的算式如下：

规则物品：长(cm)×宽(cm)×高(cm)÷5 000＝重量（kg）

不规则物品：最长(cm)×最宽(cm)×最高(cm)÷5 000＝重量（kg）

（2）计费单位：按0.5kg计费。

（3）计算公式：首重运费＋(货物重量－0.5)×2×续重收费标准

或：首重运费＋(货物材积－0.5)×2×续重收费标准

（4）首重与续重：货品以第一个0.5kg为首重，每增加0.5kg为一个续重。

（3）向客户介绍公司服务方式和作业流程，包括以下内容：

①约定上门取货；

②查验货物；

③再包装；

④贴标识；

⑤称重，计算资费；

⑥填写单据，请客户签字并告知客户如何查询货物在途信息；

⑦收取费用；

⑧货到，通知客户提货；

⑨查验收货单据无误后，发出货物。

（4）礼送客户，告知咨询电话或企业网站，并向客户致谢。

（5）客户收货后，可进行电话回访。

①询问收货情况。

②了解客户对服务的感知。

③探寻客户的建议。

④致谢。

（四）成果展示

（1）每组指派三名代表，分别扮演前台接待员、上门取货员和客户，按活动步骤的要求完成任务。

（2）每组指派一人，概括对物流客户服务的认知。

任务评价

一、小组活动评价标准

组长负责评价每个组员的工作过程，量化评价标准，总分值为30分（见表1－3）。

（1）态度：用心完成活动任务，并找到自己的疑惑，提出问题；积极参与小组讨论，大胆阐明自己的观点。

（2）互助与合作：帮助组内其他组员解决问题，与小组成员一起分享资源、观点，分担任务和责任。

（3）倾听：认真倾听他人的观点，并能针对其他成员的观点提出自己的观点与见解。

（4）展示与效果：各小组派代表发言，全面、准确汇报小组共同的学习成果。

表1－3　小组成员评价表

小组名称：____________　　组长：____________

小组成员	态度（5分）	互助与合作（10分）	倾听（5分）	展示与效果（10分）

二、教师评价标准

教师负责评价每组的任务完成情况，量化评价标准，对工作结果进行评价，总分值最高为70分（见表1-4）。

表1-4　小组学习评价指标

序号	评价指标	分值（分）
1	能在规定时间内完成工作任务，顺利展示。内容全面，涵盖客户服务三个要素；工作过程流畅，环环相扣；表述清晰，团队合作性强	60~70
2	能完成工作任务，顺利展示。内容比较全面，涵盖客户服务要素；有不同的工作阶段；表述清楚，团队有合作	50~59
3	在教师或其他组的帮助下完成工作任务，有展示	40~49

三、教师点评

教师进行点评时，汇总小组内评价，对小组评价后做总结点评，每个学生最后得分为所在小组分值加上成员评价分值。

拓展提升

物流客户服务要素

一、交易前要素

1. 物流客户服务政策

物流客户服务政策是提供给客户的书面声明，内容包括企业物流服务标准，物流服务实施方式，提供的服务没有达到预定的服务水平时，客户与公司沟通协调的方法等。制定并向客户告知企业的客户服务政策，能在签约前减少客户不切实际的期望，避免不必要的纠纷。

2. 物流客户服务的组织结构

客户服务组织结构有利于保证客户服务政策的顺利实施，有利于职能部门之间的沟通与合作。物流客户服务组织结构包括部门设置、人员配备、权责划分和工作制度等内容。

3. 应急服务方案

应急服务方案主要用于解决由于意外事件导致的系统瘫痪或系统在短时间内发生剧烈变化的情况，如系统出现故障时如何处理订单、出现事故时的处理程序、订货量突然加大等。应急服务方案越细致，企业应对突发情况的能力越强。

4. 增值服务方案

增值服务是企业保障竞争力的重要武器，来自于客户接受服务过程中出现的新需求，如仓储企业为客户提供的库存报表、降低客户库存水平的培训活动等。

二、交易中要素

交易中要素主要围绕物流服务过程展开，它的设定依赖于客户对物流服务质量和服务效率的关注点。通常交易中的物流客户服务要素涉及以下几个方面：

1. 缺货水平

企业设定的库存水平与客户的需求不符时，会导致客户的流失；但库存过大又会增加企业的库存成本和管理成本。所以企业通常会设定一个缺货水平，保证缺货成本与管理成本之和达到最低。当出现缺货时，企业可通过加速发货或者安排合适的替代产品来弥补，以此维持与客户的良好关系。同时企业还应详细记录不同产品和客户的缺货情况，据此分析缺货原因，加强缺货管理。

2. 订货周期

订货周期的长短和稳定性是评价企业对客户需求反应灵敏度的重要指标，订货周期的总体时间由订单传递、输入、处理、分拣、包装和交付等环节组成。控制订货周期，既要从总体时间上着手，又要管理订货周期的每一个组成部分。这样做不仅有利于缩短订货周期，分析订货周期变动的原因，而且有助于客户灵活支配订货周期内的时间。

3. 订单处理

物流企业处理订单多，内容复杂，因而在处理中应遵循订单处理的原则，执行处理程序。订单处理原则是指对订单处理进行排序时应遵循的规则，合理的订单处理原则令客户倍感重视，进而提升忠诚度；订单处理程序则由订单传输、订单录入、订单履行和订单报告等环节组成；先进的订单处理程序能缩短订单处理时间，提高订单处理的效率，降低客户等待成本。

小贴士

订单处理原则

（1）先到先处理。

（2）优先处理订货量小且相对简单的订单。

（3）优先处理承诺交货期最早的订单。

（4）优先处理交货期最近、最急的订单。

4. 加急发货

加急发货的成本高于正常发货，但只要加急发货成本低于客户流失成本，加急发货就是必需的。所以在客户服务战略中，明确加急发货前提，权衡成本，实施加急发货策略十分重要。

三、交易后要素

交易后的客户服务要素主要包括客户回访、客户投诉处理、意外事故理赔处理、客户满意度调查等内容。

小贴士

衡量物流客户服务质量的定量指标

（1）物流服务的可得性：缺货频率、供应比率、订单完成率等。

（2）物流服务作业效率：速度、一致性、灵活性。

（3）物流服务的可靠性：订单准确度、作业完成能力、存货可得性、持续改善服务的能力。

任务三
体验物流客服工作

任务描述

某日，刘铭丽正在整理客户的信息，此时前台电话铃声响起。当电话铃声响起第四遍时，刘铭丽才不紧不慢地拿起了话筒，说了句“您好，现在客服不在，请您稍后再打过来，好吗?”客户焦急地说道：“我现在有一批急件需要发往异地，有好多问题要咨询一下，你能帮我解答吗……”刘铭丽有点不情愿地说：“那您说吧”。刘铭丽说完这句话就后悔了，她担心自己的工作受到耽搁，于是边查看资料边与电话那头的客户沟通，最后只记下客户的只言片语，对客户最关注的货物到达时间却没有详细记录。事后客户打来投诉电话，表示再也不找公司发送货物了。你觉得在这项工作中刘铭丽存在哪些问题?应该如何做?

任务目标

1. 阐述并主动执行首问负责制。
2. 阐述物流客户服务工作的工作原则。
3. 知晓物流客户服务的岗位职责，并落实到具体的工作过程中。

任务实施

一、知识准备

（一）物流客服工作岗位

客服人员也称“客户服务代表”“接待人员”“咨询服务人员”等，他们直接接触客户，是企业的“窗口”。在物流企业，客服人员主要在下列岗位从事物流服务工作。

（1）客户接待岗位；
（2）客户信息管理专员岗位；
（3）客户关系管理专员岗位；
（4）客户投诉处理专员岗位；
（5）大客户服务专员岗位。

爱岗敬业的物流客服

（二）物流客服工作原则与岗位职责

1. 物流客服工作原则

物流客户服务人员在工作中，首先应认知本职工作，认同以“客户为中心”的服务理念，秉承对内代表客户利益，对外代表公司形象的思想，坚持首问负责制原则为客户提供准确、迅速、周到的服务。

（1）首问负责制。首问负责制是指在客户来访时，首先接待来访客人或接听来电的客服人员应给客人必要的指引、介绍或答疑，使之能在最短时间内得到帮助。

首问负责制要求首个处理客户问题的客服人员，对来访客人或来电提出的问题，不能因不属于个人或本部门责任等任何借口拒绝或推诿客人的问题；而应主动耐心地解答问题，或给客户最便捷的指引。做到：

①对于能当即处理的问题，客服人员要立即解决。

②对于不能当即处理的问题，客服人员应给予必要的解释，留下客户的联系方式；或将客人指引到相关部门。

（2）传递价值、超越期望、实现客户信任。客户满意程度取决于客户感受，当客户在接受服务过程中得到的价值和享受的礼遇超出原有期望时，满意之情油然而生。但客户满意是客户对接受一次服务的感受，满意的客户同样会选择其他企业的产品或服务，只有将客户满意转化为客户信任、客户忠诚才能维系长久的客户关系。所以客服人员在工作中应坚持向客户传递服务价值、人员价值以及企业的形象价值，用积极的姿态快速响应客户的需求，用重客户、重承诺展现企业可靠性强、保证性高的服务优势；让客户在频频的“喜出望外”中信任企业，推崇企业服务品牌。

（3）心存感念，客户至尊。客户是企业的衣食父母，对客户心存感念，以客户为尊，重视客户资源的重要作用。

小贴士

怎样做到心存感念

（1）永远不要凌驾于客户之上，而是将自己放在客户的位置上。

（2）与客户交谈中不接打电话，待客户先挂断电话后放下听筒。

（3）保持用笔记本记下客户问题的习惯，而不是用便笺纸。

（4）不轻视客户的问题，跟进客户问题直至问题得到解决。

（5）重视客户满意程度，不放弃任何一个不满意的客户。

（6）坚持“给予”，不吝“感谢”，勇于说“对不起”。

2. 物流客户服务代表岗位职责

物流客户服务代表岗位职责是客户服务人员应完成的工作任务和承担的责任，它有利于规范服务人员的操作行为，提高工作效率和工作质量。物流企业客户服务代表岗位职责如表1－5所示。

（三）物流客户服务代表职业素质要求

在客户服务工作中，客户服务代表应凭借职业化的工作形象、专业化的操作能力向客户传达企业的服务理念、服务文化，展现企业服务客户的能力和水平，以此强化客户与公司的心理联结，建立起与客户“共赢”的伙伴关系。所以物流客户服务人员应具备以下素质。

表 1－5　　物流企业客户服务代表岗位职责

岗　位	核心职责
客户接待	（1）随时接受客户拜访，礼貌接待客户 （2）熟练受理客户的服务需求 （3）判断客户问题，准确归属相关部门
客户信息管理专员	（1）有效完成客户信息收集工作 （2）建档、归档客户资料，保管客户档案，保密客户信息 （3）完成客户分级、分类管理
客户关系管理专员	（1）执行客户拜访计划，完成客户拜访任务 （2）组织安排客户联谊活动，维护客户关系 （3）汇总客户关系情况，提出合理建议
客户投诉处理专员	（1）受理客户投诉，协助部门调查客户投诉原因 （2）调解客户投诉事宜，改善客户投诉处理方案 （3）做好客户回访工作 （4）整理客户投诉信息，提出改善建议
大客户服务专员	（1）关注大客户的商业动态等情况 （2）与大客户共同设计服务方案 （3）定期回访大客户，征求大客户对服务的意见 （4）执行大客户优惠服务政策

1. 品格素质

（1）有强烈的责任心和进取心。

（2）有健全的心智，乐观的心态和良好的习惯。

（3）充满爱心，与人为善，注重礼仪。

（4）维护企业和个人形象，关注企业品牌。

（5）乐于建立广泛的人际关系。

小贴士

位不在高，爱岗则名；资不在深，敬业就行。爱岗敬业指的是忠于职守的事业精神，爱岗就是热爱自己的工作岗位，热爱本职工作。敬业就是要用一种恭敬严肃的态度对待工作。全面建设小康社会的伟大事业正呼唤着亿万具有爱岗敬业这种平凡而伟大的奉献精神的人，具备爱岗敬业这种平凡而伟大的奉献精神的人，永远都是强大民族的脊梁！

2. 技能素质

（1）掌握使客户信服的物流专业技能。

（2）掌握探寻客户心理与性格的技巧。

（3）灵活运用沟通技巧，与客户开展有效沟通。

（4）掌握客户异议处理技巧，满足客户愿望。

小贴士

客服人员应具备的素质

（1）积极进取的好心态。
（2）敏锐的情绪洞察力。
（3）处乱不惊的应变力。
（4）稳定的情绪控制力。
（5）承受挫折的抗压力。
（6）富有耐心的倾听力。
（7）温馨怡人的亲和力。
（8）良好的沟通能力。
（9）熟练的沟通技巧。
（10）熟练的专业技能。

体验活动

拨打某个物流公司的服务电话，听听客服人员跟你说了什么，你感受到她的服务热情了吗？

____

____

____

小贴士

物流客服代表的任职要求

（1）熟悉物流政策及相关法律法规。
（2）具备良好的客户服务意识。
（3）具有亲和力和团队合作精神。
（4）具备较强的沟通能力、学习能力和基本的文字书写能力。
（5）熟悉计算机基本操作，会使用 Word、Excel、PPT 等办公软件。

二、小组活动安排

（一）活动内容

（1）分析刘铭丽工作中存在的问题。
（2）各小组按服务标准的要求（见拓展提升）演示正确的服务过程。

（二）活动要求

（1）执行首问责任制原则，快速接听客户电话。
（2）放下手头工作，关注客户问题，用声音传递服务热情。
（3）用准备好的笔记本记录客户需求，确认客户关注的重点。
（4）使用合适的语言表达企业对客户的感谢。

小贴士

客服代表语言表达要求

语音：口齿清晰，不拿腔拿调。
语气：平和亲近，不盛气凌人。
语速：速度适中，不急也不缓。
语调：轻快，热情。
语言：准确，简洁，体现职业化要求。

（5）向客户传递企业重视客户、追求客户满意的服务理念。

（三）活动步骤

（1）按客户服务标准的要求分组讨论刘铭丽工作中存在的问题。

（2）模拟通话过程，客服人员的演练应包含以下内容：

①放下手上的其他工作，接听电话，自报姓名和工号；
②记录事件，重复或确认关键问题；
③准确解答客户的疑问，告知此类业务的时间、处理程序和收费标准；
④确认客户是否办理托运业务，如果是留下客户电话；
⑤告知客户稍后会有业务员与之联系；
⑥对客户的信任表示感谢，待客户挂断电话后放下听筒；
⑦整理“客户咨询记录”，将资料转交业务部门。

小贴士

客户服务注意事项

（1）接通电话时：您好！欢迎致电××公司，我是6811号客服，很高兴为您服务！
（2）明确投诉问题时：为了尽快为您解决这个问题，我可以向您提几个小问题吗？
（3）客户破口大骂时：对不起，我非常理解您的心情，但是为了帮您解决问题，请您慢慢说，好吗？我会尽全力帮您解决的。
（4）索要客户电话时：为方便我们与您联系，留下您的电话，好吗？
（5）征询客户意见时：您看这样处理您满意吗？
（6）获得客户认可时：谢谢您的理解和支持！

任务评价

一、小组活动评价标准

组长负责评价每个组员的工作过程，量化评价标准，总分值为30分（见表1-6）。

（1）态度：用心完成小组任务，并找到自己的疑惑，提出问题；积极参与小组讨论，大胆阐明自己的观点。

（2）互助与合作：帮助组内其他成员解决问题，与小组成员一起分享资源、观点，分担任务和责任。

（3）倾听：认真倾听他人的观点，并能针对其他成员的交流提出自己的观点与见解。

（4）展示与效果：各小组派代表发言，全面、准确汇报小组共同的学习成果。

表1-6　小组成员评价表

小组名称：__________　　　　组长：__________

小组成员	态度（5分）	互助与合作（10分）	倾听（5分）	展示与效果（10分）

二、教师评价标准

教师负责评价每组的任务完成情况，量化评价标准，对工作结果进行评价。总分值最高为70分（见表1-7）。

表1-7　小组学习评价指标

序号	评价指标	分值（分）
1	能在规定时间内小组合作完成工作任务，顺利展示。客观展示客户的情绪，客服人员职业素养高；表达清晰，会使用语言表达技巧	60~70
2	能在规定时间内完成工作任务，能做展示。能表现客户的情绪；客服人员的职业素养表现得比较充分	50~59
3	在教师或其他组的帮助下完成工作任务，有展示	40~49

三、教师点评

教师对各组活动进行点评、打分，每个学生最后得分为组内成员评价分值加上所在小组分值。

拓展提升

物流客户服务岗位工作标准

一、服务态度标准

（1）物流客服人员应根据时间、场所、情景、接待对象的不同，按礼节要求主动问候客户。

（2）物流客服人员应根据客人的身份、年龄、性别，选用不同称呼；对于老客户，尽量称呼其全名；对于新客户，应先询问对方尊姓，牢记并使用。

（3）尊重客人的风俗习惯和宗教信仰，不随意评价客人的服饰、习惯等，尊重客人的要求和习惯。

（4）与客人见面或握手时，动作规范、礼貌。

（5）客户来访进行咨询、洽谈或投诉时，客户服务人员应想客户之所想，急客户之所急，做到眼勤、口勤、手勤、腿勤、心勤。

（6）与客户沟通时，态度和气、语言亲切、称呼得当、敬语妥帖，表达准确、得体。

（7）服务始终如一，对客户不可急躁，具有忍耐精神，不得与客户争吵。

二、服务语言标准

（1）用词准确、语句通顺、简明扼要、表述清晰。

（2）使用普通话交谈，声调柔和，声音适中。

（3）应根据时间、场景、服务对象正确使用迎接、问候和告别语言，不得讲粗言，不得使用藐视或侮辱性语言。

（4）使用请求、建议和劝告式语句，“请”“谢”字不离口，不得用否定、命令和训诫式语言。

（5）任何时候不准讲“喂”或“不知道”；不得打断客户说话；不得使用“你”“你先听我说完好不好”等顶撞性语言。

小贴士

你知道谈话礼节吗

（1）未知姓氏之前，要称呼客户“先生”或“女士”。

（2）交谈中涉及第三者时，不能称他，应称“那位先生”或“那位女士”。

（3）客户称谢时，应立即回答“不用谢”，不得无反应。

（4）确实需要离开或暂停交谈时，用“请稍候”告知客户；回来后继续交谈时要用“对不起，让您久等了”等语言向客户表达歉意。

三、服务行为标准

（1）严格遵守约定时间，不误时、不爽约、不拖沓、快速准确，保证客户满意。

（2）在客户服务区或在其他公共场所工作时，不得高声喧哗，动作应轻稳，声音应柔和，不影响他人。

（3）爱护客户物品，应轻拿轻放。

（4）同客户交谈时注意倾听，精神集中、表情自然，不随意打断客人谈话或插嘴，事事表示尊重。

（5）不做客户忌讳的不礼貌动作，不说不礼貌的话。

（6）接听电话时应先问好，报公司、部门全称，然后说“请问怎样才能帮到您?”，不得颠倒次序。

（7）结束通话时，应以对方挂断为通话完毕，任何时候不得先挂断电话或用力掷听筒。

（8）因客户原因不能按时提供或完成服务的，要耐心向客户解释。

四、服务人员响应标准

客户服务人员在接受客户咨询的电话、邮件和来访时，应符合以下要求：

（1）客户来电咨询时，接听前振铃次数不得超过三次。

（2）清晰、完整地记录客户问题。

（3）应答语言礼貌，口齿清晰，用词规范。

（4）接听后1小时内，客服人员或技术工程师应对客户做出明确答复。

（5）正确答复客户的问题，确保客户理解，解答准确率达到95%以上。

（6）完整记录客户咨询问题、解答过程、响应时间等内容。

五、其他标准

（1）客服人员上岗前不得饮酒、吃异味较大的食物，保持口腔清洁、口气清新。

（2）客服人员不可涂抹深色指甲油。

（3）客服人员不得面对客户打喷嚏、咳嗽等。

（4）客服人员工作时不做有碍观瞻的动作。

（5）若客服人员感染传染性疾病，应及时向上级汇报，并调离服务岗位。

巩固提高

一、填空题

1. ____________是指为满足某种需求而购买企业产品或接受服务的群体，即与企业有直接的经济往来的个人或组织。

2. ____________是企业与客户交互的一个完整过程，企业不断听取客户的问题和要求，对客户的需求做出反应，并探寻新需求的过程。

3. 物流企业的客户服务关注服务产品传递的____________、____________和____________的全过程，更注重与客户的实时沟通，这是由物流行业的服务特性和服务产品的无形性决定的。

4. ____________是企业根据客户的要求提供的后续服务，如服务跟踪、客户理赔、客户的投诉处理以及交易后所形成的逆向物流的处理等，它的作用是及时弥补服务中存在的问题，减少客户损失，维护客户关系。

5. 建档、归档客户资料，保管客户档案，保密客户信息是____________的工作。

二、判断题

1. 产品的经销商、代理商、消费者或员工是企业最重要的外部客户，是客户服务的首要对象。（　　）

2. 在供应链条上，物流企业的服务连接着实物产品的供需两端，为客户、客户的客户提供更便利的服务也是物流企业应该考虑的问题。（　　）

3. 在供应链上，处于下游的企业是上游企业的客户，物流企业为供应链条上的企业提供物流服务，是他们的客户。（　　）

4. “客户永远是对的”不是从一时一事的角度界定的，它要求企业重视和尊重客户的意见和感受，不挑剔个别客户的不当言行，用换位思考的态度解决客户的难题。（　　）

5. 向客户提供准确、迅速、周到的服务，应做到沟通开始有应声，客户提出问题后有问候声，结束谈话有送声。（　　）

三、单项选择题

1. 客户服务的宗旨是（　　）。

A. 销售　　B. 以企业为中心

C. 以客户为中心　　D. 贴近客户

2.（　　）的作用是告诉客户企业能做什么、企业会怎样做、怎样应对突发情况以及客户承担的风险及责任等。

A. 物流客户服务要素　　B. 交易后要素

C. 交易中要素　　D. 交易前要素

3.（　　）是指在客户来访时，首先接待来访客人或接听来电的客服人员应给予客人必要的指引、介绍或答疑等服务，使之能最迅速、简便地得到满意的服务。

A. 首问负责制　　B. 交易后要素

C. 交易中要素　　D. 交易前要素

4. 下列各项中，（　　）是用来评价客服人员的。

A. 缺货频率　　B. 一致性

C. 规范化和技能化　　D. 订单完成率

5.（　　）是企业为了稳定销售、保持已有的资源优势，定期或在对客户具有特定意义的时刻，进行礼节性沟通和友情性关照的活动。

A. 客户调研　　B. 客户奖励

C. 客户关怀　　D. 客户拜访

四、多项选择题

1. 下列各项中，（　　）属于客户服务理念的内容。

A. 客户永远是对的　　B. 满足客户的需求

C. 以推介产品为目的　　D. 坚持5S服务

2. 服务营销观坚持（　　）等观点。

A. 以客户需求为导向　　B. 以服务为核心

C. 注重客户感受　　D. 追求客户满意

3. 优质客户服务在系统上的优势体现在（　　）等方面。

A. 时限更短　　B. 流程更加合理

C. 预见性和适应性强　　D. 信息互通

E. 组织和监督

4. 物流客户服务的特点体现在（　　）。

A. 客户服务全程化　　B. 客户服务个性化

C. 客户服务信息化　　D. 客户服务智能化

5. 物流客服人员应摒弃的服务有（　　）。

A. 全程化服务　　B. 消防式服务

C. 冰箱化服务　　D. 机械式服务

五、简答题

1. 怎样做到心存感念？

2. 简述客服代表语言表达要求的内容。

3. 简述物流客服代表应发挥的作用。

六、案例分析题

案例资料：某女士致电某电话客服部，打算取消手机上网 5 元流量套餐，她选择了人工服务方式。下面是她们的对话内容。

客服：您好，很高兴为您服务！请问您有什么需求？

女士：我想取消手机上网流量套餐业务。

客服：好的，请问您为什么要取消这项业务呢？

女士：我的手机功能不太好，上网比较慢。

客服：您有没有考虑过换一部手机呢？这样上网的速度可能会快些。

女士：没有（说完后不悦地挂断了电话）。

案例问题：客服人员的语言有问题吗？她错在哪儿？

项目二
2 获取客户信息　管理客户档案

思政目标

懂得依法依规取得和使用客户信息。

知识目标

1. 知道物流客户信息收集的方法。
2. 理解客户信息收集工作的标准和要求。
3. 熟悉客户信息档案的内容和归档工作的步骤。

技能目标

1. 会运用有效的方法收集物流客户信息。
2. 能够独立进行客户信息的归档和管理。

素养目标

具备信息感知能力，具备利用信息进行判断和决策的思维。

任务一 收集物流客户信息

思政案例
快递“内鬼”2元/条贱卖用户信息

任务描述

长海物流公司对面一家名为“桑弘服饰有限公司”的企业挂牌成立，这家企业是什么类型的企业？主营业务是什么？有何物流需求？公司业务部、客服部主管都在思考这些问题。客服部主管安排刘铭丽去完成客户信息的收集任务，刘铭丽应该收集哪些资料？她该怎么做呢？

任务目标

1. 知晓物流客户信息的内容和获取渠道。
2. 阐述客户信息调查工作的基本流程。
3. 知晓并执行人员走访法和电话调查法等客户信息调查方法的操作要领。
4. 能设计简单的物流客户调查问卷。

任务实施

一、知识准备

做好物流客户服务，首先应管理好客户的信息，客户需求信息是物流企业设计开发产品的第一手资料；客户特征基础信息是企业认知客户、拉近客户关系的基础；客户消费信息对企业跟进服务具有指导作用；客户忠诚度信息则是企业建设、维护忠诚客户群的关键资料。总之客户的信息管理是企业客户关系建立、维护和管理的前提和基础。物流企业客户信息管理工作主要包括客户信息收集、客户档案管理两个方面。

（一）物流客户信息的来源

1. 客户信息的内容

客户信息包含的内容复杂，涉及面广，按反映的内容不同，可以分为客户基本信息、客户需求信息和客户资信信息；按作用不同，可以分为原始信息和分析整理信息；按其来源不同，可以分为外部信息和内部信息。开展客户信息管理，其目的是及时、充分地把握客户信息，使企业能准确地把握客户的需求和市场的动态，确保物流服务与客户的期望更契合。

（1）客户基本信息。客户基本信息是反映客户基本特征的各种文字和数据，具体包括客户名称、地址、邮编、电话、传真、经营范围、注册资本以及法定代表人的性格、爱好等，它是企业了解客户、接触客户进而服务客户的基础。

（2）客户需求信息。客户需求信息是指客户接受企业产品或服务方面的信息，包括客户对物流服务的需求、客户对企业提供的产品或服务的认知度，客户的经营状况和管理水平、客户的主要合作单位以及以往交易记录等内容，是企业设计服务产品、提供合适的物流服务的基石。

（3）客户资信信息。客户资信信息则是反映客户信用品质、付款能力，表明客户可信赖程度的信息，如客户的信用状况、客户收支状况等，是企业规避经营风险、寻求优质合作伙伴的指南。

2. 客户信息的来源渠道

（1）客户信息调查。客户信息调查是常用的收集客户信息的方法，通过调查可以获得全面、详细的客户资料，包括客户的基本信息、需求特征、资信信息和客户满意度信息。客户信息调查通常采用“客户信息调查表”取得客户信息，了解客户需求。表 2－1 所示为企业获取客户需求信息的调查表。

表 2－1　　客户信息调查表

<table>
<tr><td colspan="2">尊敬的客户：
您好！
感谢您对本企业的关注和支持，希望我们的服务能满足您的要求，并令您感到满意。为了及时了解您的需求，为您提供更便捷、优质的服务，请您协助我们填写下表。我们会在第一时间回复您，非常感谢您的支持！</td></tr>
<tr><td>客户名称</td><td></td></tr>
<tr><td>行业</td><td></td></tr>
<tr><td>地址</td><td></td></tr>
<tr><td>联系方式</td><td></td></tr>
</table>

续表

1. 您希望我们还能为您提供哪些服务，您在办理货物交接时有何不便？
2. 如果我们对您进行回访，您希望以哪种方式进行？ □上门回访　□电话沟通　□电子邮件　□其他
3. 如果您需要本企业服务产品及其相关的信息，您希望以哪种方式获得？ □上门拜访　□电话联系　□邮寄　□E－mail　□传真
4. 其他要求

（2）其他机构获得信息。客户信息资料的取得方式有多种，除了直接面对被调查对象收集所需信息外，企业还可以从相关机构、单位获得客户的信息，具体内容如表2－2所示。

阅读体验

2021年河南受灾，解囊相助的国货品牌先后因为低调捐款接连出圈，一时间穿鸿星尔克，喝汇源果汁、蜜雪冰城，吃白象、旺旺成为“高质量人类”的新风尚。鸿星尔克以捐赠5 000万元物资爆红出圈成为全网顶流。鸿星尔克这一波爆火，靠的是企业累积下来的国民品牌情怀和品牌自身的善举。然而，国货品牌想要获得客户长期的、持续性的支持，需要奋发自强、优化产品与服务，最终还是要回归到产品和服务本身。鸿星尔克实现了数字化制造、数字化物流、数字化客户（粉丝）管理。正是基于其多途径、全方面对客户信息的收集、整理和分析，对客户需求进行调查，完善并管理客户信息档案资料，才有鸿星尔克爆红后的持续发展。

表2－2　信息渠道与信息内容归类表

渠道	信息内容
政府机关	国家统计部门对外公布的有关行业信息
行业协会	客户联络渠道；具体联系人名单；有关产销方面的信息
商会	会员公司名单；客户习惯的贸易方式和贸易条件；有关贸易规定
证监会	定期或特约的客户报告；国外个别客户的资信情况
信用评估机构	客户资信等级；上市公司财务报告
展会	会议主办方提供的客户资料
黄页网站	有关产品或客户的具体明细资料
报刊杂志	特定客户的基本经济情况

（3）内部工作记录。内部工作记录是企业各部门在与客户接触过程中所做的各种文字和数字记载，是客服信息部门重要的信息来源。

①来自市场开发部的客户信息，如客户的基础资料、客户特性等。

②来自营销部的客户信息，如对客户的合同文本、销售记录等。

③来自客服部的客户信息，如客户投诉记录、客户电话记录等。

④来自财务部的客户信息，如付款记录、欠款额度、延迟付款等。

体验活动

打开顺丰速运有限公司的网站，观察企业客户与个人客户的注册内容，归纳企业客户与个人客户基本资料调查表的差异。

____

____

____

（二）客户信息调查流程及主要工作内容

客户信息调查由两个阶段组成，即调查组织阶段和调查实施阶段。调查组织阶段的主要工作内容是确定调查的目的和任务、调查内容、设计调查问卷以及拟订调查计划；调查实施阶段的主要任务是收集、整理、分析调查资料，形成调查报告。具体流程如图 2－1 所示。

巧做问卷调查

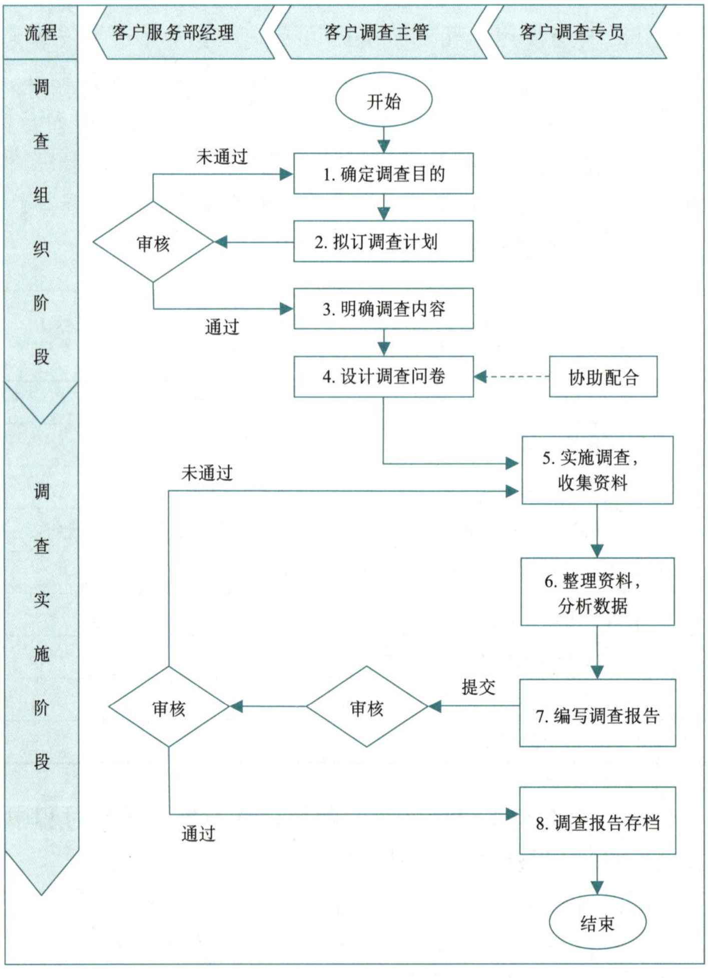

图 2－1　客户信息调查工作流程

1. 设计调查问卷

客户信息调查问卷是客户信息调查的必备工具，是以问题的形式系统地记载调查内容的书面文件；调查问卷有表格式、卡片式或簿记式等形式。设计问卷是调查的关键，完美的问卷既能将问题传达给被调查者，也能使之乐于回答。

（1）调查问卷的构成。客户信息调查问卷通常由五个部分构成，即：

①卷首语。主要用于表述调查的目的，表达对被调查客户的谢意。

②被调查客户的基本情况是指对被调查客户的企业性质、行业、规模等基本信息所做的调查。

③调查项目。调查报告是问卷的重要组成部分，汇集了调查者希望获得的信息。

④填写说明。填写说明包含填表目的和要求、注意事项及交表时间等。

⑤调查问卷编号。重大调查的调查问卷有编号，以便归档、统计。

小贴士

快递企业客户调查问卷（节选）

________经理/主管：

您好！为了能提供更优质的服务，我们将占用您几分钟填写这份问卷。感谢您长期以来对我们的支持！您的意见和建议将被我们吸取！

有关贵司资料

1. 企业性质

□国企　□合资　□外商独资　□民营　□私营　□其他

2. 所属行业

□服装　□电子电器　□IT 数码　□机械/汽车配件　□医药

□图书/出版　□食品　□其他__________（请注明）

关于贵司服务需求

1. 贵司对物流/快递服务需求的类别是

□加急　□门到门　□站到站　□贵重品运输

2. 贵司产品所需的运输时限一般为

□2 天内　□3 天内　□4～5 天　□其他__________（请注明）

3. 贵公司在收款上希望

□自收货款　□快递代收　□中介代收

（2）调查问卷的分类。调查问卷按不同标准可以分为不同类别，其作用和优缺点各有不同，主要的分类方法如表 2－3 所示。

表 2－3　调查问卷的分类

分类	名称	特点	优缺点
按结构分	封闭式或闭口式	问卷的问题有明确的备选答案，被调查者只需选择答案	便于快速作答和汇总，但固定人的思维

续表

分类	名称	特点	优缺点
按结构分	开放式	问卷的问题不设置答案，让被调查者自由发挥	获取更丰富的信息，汇总、归类工作复杂
	半结构式	是封闭式和开放式两种问卷的融合	兼容开放式和封闭式的优点，但问卷内容多，格式复杂
按调查方式分	自填问卷	被调查者填答	被调查者有充分的时间作答。但回收率低，调查过程不可控，可信性与有效性都较低
	访问问卷	调查员在采访被调查者时填写	回收率最高，但成本高，耗时长
按用途分	甄别问卷	筛选被调查者，确保被调查者与调查主题有关联	甄别问卷帮助调查机构筛选调查对象；调查问卷是调查的核心内容；回访问卷有利于提高调查的客观性
	调查问卷	集中调查者需要了解的问题	
	回访问卷	检查调查过程的规范性	

（3）调查问卷的问题类型和形式如表2－4所示。

表2－4 调查问卷的问题类型和形式

分类	名称	涉及内容	作用	技巧
问题类型	事实性问题	事实性问题要求被调查者回答有关事实的问题。如贵公司的规模、人数等	求取事实资料，便于调查者依据问题的答案对被调查者进行分类	将事实性问题放在最后，消除应答者在回答问题时的顾忌
	意见性问题	意见性问题用于询问被调查者的意见或态度。如您对我们的收费有何看法	通过意见性问题了解被调查者的感受及其强度	采用开放式问题形式，留足空间，便于被调查者作答
	隐私性问题	隐私性问题是指被调查者不愿公开作答的问题。如关于公司成本、业务方面的问题，以及个人隐私等	获取深度的、具体的信息	（1）借用旁人观点询问 （2）提供数据空间 （3）设置简单的“是”与“否”两类答案，便于其快速作答
	甄别性问题	甄别性问题是根据被调查者的情况设置的问题。如您有网购经历吗	找到与调查目的相关的被调查者，或便于后续的分类分析	甄别性问题在调查问卷的位置靠前，并配合指导性答题文字
	假设性问题	在环境或条件发生变化时，答题者如何选择。如如果EMS的收费增加0.2元，您还会选择它吗	了解被调查者对价格、服务等敏感性问题的承受能力	与企业业务流程变革、收费的变更等重大决策配合使用
问题形式	开放式问题	开放式问题又称无结构的问答题，能让被调查者自主作答。如您对超载如何看	开放式问题用来获取被调查者的多方意见	引导方向，控制文字数量；放在问卷的最后
	封闭式问题	封闭式问题规定了一组可供选择的答案和固定的回答格式	用来获得被调查者明确的观点、需求	备选项目符合大多数人的习惯、观点和需求

体验活动

请说出下面问题的类型

您是通过何种途径了解长海物流有限公司的?

□百度 □google □报刊

□电视 □行业协会 □其他

（4）设计调查问卷的要求。

①主题明确。调查问卷的主题与调查目的密切关联，问题目的明确，重点突出，没有可有可无的问题。

②结构合理、逻辑性强。问题的排列应有一定的逻辑顺序，符合被调查者的思维程序。一般是先易后难、先简后繁、先具体后抽象。

③通俗易懂。问卷应符合被调查者的理解能力和认识能力，通俗易懂，避免使用专业术语。问卷题目简单化，不应要求回答者计算或进行逻辑推理。

④内容简洁。一个题目只涉及一件事，避免采用“结构复杂”的问句。

⑤提出问题的措辞应前后一致，避免产生误解、歧义；不使用诱惑性答案。

⑥控制问卷的长度。回答问卷的时间控制在 20 分钟左右，既不浪费答卷时间，也不遗漏问题。

2. 实施客户信息调查

实施客户信息调查，获取客户信息的方法很多，在使用上各有不同。常用的客户信息调查的方法有人员走访法、电话调查法、实地勘察法、邮件调查法和焦点人群法。

（1）人员走访法。人员走访法是派出调查人员与客户实地接触、沟通，以获得第一手资料的方法。实施人员走访调查应注意以下事项：

①制定详细的走访方案。如走访对象、走访时间、人员等；

②收集走访对象的资料；

③把握走访时机。在传统节假日或客户重要日子走访，并馈赠礼品；

④注重礼仪；

⑤及时反馈走访信息。对于不能当场答复客户的问题，应及时记录、分析和汇报，并将企业最终裁定的结果告知客户。

小贴士

人员走访调查中的礼仪要求

（1）先预约，再走访。

（2）尊重客户，注重仪表。

（3）善于察言观色，客户接待他人或处理公务时，暂停交谈。

（4）客户忙碌时，要礼貌告辞。

（5）谈吐文明，举止得当。

（6）离开时要致谢。

（2）电话调查法。电话调查法是指采用电话采访的方式收集客户信息的方法。采用电话调查法收集客户资料应做好以下准备工作：

①制定清晰的电话调查目标；

②列出电话调查对象清单；

③做好详细的时间安排，寻找最佳调查时机；

④备齐相关资料；

⑤预设客户可能提到的问题。

（3）实地勘察法。实地勘察法是指派出信息调查员前往调查现场进行勘察、记录相关数据，以此获得翔实数据的方法。实施实地勘察法应注意表 2 –5 所列事项。

（4）邮件调查法。邮件调查法是通过网络将问卷发送给被调查对象，请被调查者在规定的时间内填写，并反馈回来，以此获得调查信息的方法。邮件调查法存在的缺陷是邮件的回应率较低，所以调查者通常采用向调查对象赠送小礼品，或加大广告宣传等方法提高邮件的回应率。

（5）焦点人群法。焦点人群法是指选择若干客户，集中座谈以收集与产品或服务相关信息的方法。采用焦点人群法收集资料，应注意表 2 –6 所列事项。

表 2 –5　　实地勘察法应注意的事项

注意事项	说　明
明确调查任务	勘察人员必须知道哪些行为和数据是必须统计的
设定勘察范围	确定勘察的重点区域和范围
选定勘察时间	勘察时间的选定必须与所要解决的问题相对应
选择勘察的方法	勘察方法的选用以不打扰人们的正常活动为前提
规范勘察行为	勘察人员的言行不应让人产生疑惑或反感
设计勘察表格和记录符号	勘察表格应通俗，列出需要获得材料的项目；规定速记符号和统一的参照标准
安排勘察人员	培训勘察人员，并进行人员的合理分工
准备勘察物品	准备好勘察所需的表格、笔、相机等工具

表 2 –6　　焦点人群法应注意的事项

注意事项	说　明
制订周密的计划	目的明确，任务具体，能接受多层次的信息
提供适当的奖励	采用多种形式的奖励，提高客户参与的积极性
斟酌问题内容和提问方式	获得尽可能丰富的信息，令客户爽快和愉快作答
重视共性问题	对于普遍反映的问题要给予高度的重视

3. 整理分析客户资料

整理客户资料是客户信息调查的中间环节，其作用是纠正错误信息，剔除无用的资料，并对客户资料进行分类和汇总，形成统一格式的资料。资料的整理工作内容包括审核、分组和汇总等。

客户资料的分析是调查工作的重点，通过分析发现客户需求、客户满意程度以及企业服务中存在的问题，是客户资料调查分析的最终目的。

4. 撰写客户调查分析报告

客户调查分析报告是对客户的需求、满意度或资信程度等问题，经过深入细致的调查后，将调查中收集到的材料加以系统整理，分析研究，以书面形式向组织和领导汇报调查情况的一种文书。从结构上看，调查报告由标题、前言、主体、结语四个部分构成。

（1）标题：包括调查报告题目、报告日期和报告撰写人。

（2）前言：包括调查动机、要点、解决的问题、委托的部门。

（3）主体：对调查问题进行分析和解答，揭示现象变化规律。

（4）结语：调查结论、对重大问题提出建议等。

二、小组活动安排

（一）活动内容

（1）确定应收集的潜在客户信息的内容。

（2）选用收集客户信息的方式，并说出理由。

（3）设计调查用表格。

（4）模拟与潜在客户沟通过程，互评。

（二）活动要求

（1）收集有助于潜在客户开发的客户信息，包括潜在客户所处行业、经营规模、资金、物流服务商以及企业内部的组织结构、决策者的个人信息。

（2）选择合适的方式和渠道获取需要的潜在客户信息。

（3）比较各种信息收集方式的利弊，结合项目任务的目的，选择最合适的方法收集潜在客户信息。

（4）与潜在客户沟通时，参照并执行表 2 – 7 所示的客户信息调查的工作要求的内容。

表 2 – 7　　客户信息调查的工作要求

行　为	接近客户	提问方式	面谈记录
要　求	注重仪表，保持自信	提问亲切自然，杜绝审问式提问方式	开始记录时做简要说明，争取调查对象配合
	选择合适的称呼和问候语，力求自然得体	问题简洁明了，语意清晰	严守工作秘密，打消调查对象的顾虑
	设计精彩的开场白，平稳地进入面谈主题	避免与主题无关的问题	调查对象情绪不安时，应停止记录
	细致观察，发现有诚意、易于合作的对象	按调查问卷的顺序逐题发问，不遗漏	采用速记方法，记录要点和主要内容
	调查过程中注意随机应变	不宜在调查对象填写信息时长时间观看	会谈结束后，根据瞬时记忆补充会谈记录
	合理控制时间，注意表达谢意	调查表内容恰当，填写时间控制在 8 ~ 10 分钟	面谈结束后，向调查对象表示感谢

（三）活动步骤

（1）参照表 2－8 的内容确定应收集的潜在客户信息内容。

表 2－8 客户基本信息调查表

客户名称			
客户地址			
企业性质		邮政编码	
传真号码		电话号码	
法人代表		员工人数	
企业规模		行业类型	
主营业务			
期望的物流服务			
对本公司的了解			

（2）参照表 2－9 的内容，比较并选用最适用的信息收集方式。

表 2－9 客户信息收集方式利弊比较

信息收集方式	优 点	缺 点
人员走访法	观察直接，信息真实	调查效果的高低受调查人员水平的影响；费用高、耗时
实地勘察法	简单、灵活；调查资料具有真实性；相对于人员走访法成本较低	只能观察表象，缺乏深入了解
电话调查法	简便快捷，不受干扰	间接感受客户情绪，并且容易泄密
邮件调查法	成本最低，调查范围广	邮件的回复不受控制，难以获得全面的资料
焦点人群法	观察直接、信息真实、调查深入	成本高，话题涉及面不广

（3）设计调查用表格，表内各项目通俗易懂。

（4）开展实地调查，或在室内进行模拟调查过程。

任务评价

一、小组活动评价标准

组长负责评价每个组员的工作过程，量化评价标准，总分值为 30 分（见表 2－10）。

（1）态度：用心完成活动任务，并找到自己的疑惑，提出问题；积极参与小组讨论，大胆阐明自己的观点。

（2）互助与合作：帮助组内其他成员解决问题，与小组成员一起分享资源、观点，分担任务和责任。

（3）倾听：认真倾听他人的观点，并能针对其他成员的观点提出自己的观点与见解。

（4）展示与效果：各小组派代表发言，全面、准确汇报小组共同的学习成果。

表 2－10　　小组成员评价表

小组名称：＿＿＿＿＿＿　　组长：＿＿＿＿＿＿

小组成员	态度（5 分）	互助与合作（10 分）	倾听（5 分）	展示与效果（10 分）

二、教师评价标准

教师负责评价每组的任务完成情况，量化评价标准，对工作结果进行评价。总分值最高为 70 分（见表 2－11）。

表 2－11　　小组学习评价指标

序号	评价指标	分值（分）
1	能在规定时间内小组合作完成工作任务，顺利展示。表格内容齐全、书写清晰	60～70
2	能在规定时间内完成工作任务，能做展示。表格内容清楚	50～59
3	在教师或其他组的帮助下完成工作任务，有展示	40～49

三、教师点评

教师对各组活动进行点评、打分，每个学生最后得分为组内成员评价分值加上所在小组分值。

拓展提升

网络客户需求调查

近年来，随着网络的普及，越来越多的组织、机构频频依托网络开展调查工作。在企业的客户信息调查中，这种利用网络资源收集客户资料的方法有何特点呢？

一、网络调查的优缺点

1. 网络调查的优点

网络调查在 20 世纪 90 年代开始热门起来，发展迅速，其优点表现在以下几个方面：

（1）速度快。由于省略了印制、邮寄和数据录入等过程，问卷的制作、发放及数据的回收速度均得以提高，可以短时间内收回问卷并统计结果。

（2）费用低。印刷、邮寄、录入及调研员的费用都被节省下来，而调研费用的增加却有限。因此，在大规模的调查活动中，网络调查较其他方法可节省更多的费用。

（3）易获得连续性数据。随着网络固定调查对象的出现，调研员能够通过跟踪受访者的态度、行为和时间进行纵向调查和分析。复杂的跟踪软件能够做到根据上一次的回答情况进行本次问卷的筛选，而且还能填补落选项目。

（4）调查内容灵活多样。打一个电话却只提两三个问题在费用上是不值得的。但在网上，调查内容可以涉及市场、商贸等多个方面。例如，在某银行系统，客户登录银行主页，激活“信用卡”链接，在进入正式网页之前，他可以被询问几个有关被认为是最重要的信用卡特性问题。

（5）调查群体大。目前很难想象还有什么媒体可以提供像网络那么大的调研群体，随着互联网的普及，互联网使用者是互联网调研的理想对象。

（6）可视性强。网上调查还有一个独一无二的优点，即它们在视觉效果上能够吸引人，互联网的图文及超文本特征可以用来展示产品或介绍服务内容。

2. 网上调查的缺点

（1）代表性问题。网上调查在目前来说还有不少缺点，最大的问题就是上网的人不能代表所有人口。因为调查具有随机性，且使用者大多为受过中高等教育、有相关技术的中青年。

（2）安全性问题。现在很多使用者为私人信息的安全性担忧，加上媒体的报道及针对使用者的各种欺骗性文章，更使人忧心忡忡。然而，考虑到对互联网的私人信息，诸如信用卡账号之类进行担保的商业目的，提高安全性仍是互联网有待解决的重要问题。

（3）无限制样本问题。这是指网上的任何人都能填写问卷。它完全是自我决定的，很有可能除了“网虫”外并不代表任何人。如果同一个人重复填写问卷的话，问题就变得复杂了。

二、进行网上调查的方法

进行互联网调查主要有以下三种基本方法：E－mail、交互式 CATI 系统和互联网 CGI 程序。下面我们就每一种方法做简要介绍。

1. E－mail 问卷

问卷就是一份简单的 E－mail，并按照已知的 E－mail 地址发出。被访者回答完毕将问卷回复给调研机构，有专门的程序进行问卷准备、编制 E－mail 地址和收集数据。E－mail 问卷制作方便，分发迅速。由于出现在被访者的私人信箱中，因此能够得到注意。但是，它只限于传输文本，图形虽然也能在 E－mail 中进行链接但与问卷文本是分开的。

2. 交互式 CATI 系统

交互式 CATI 系统利用一种软件语言程序在 CATI 上设计问卷结构并在网上进行传输，互联网服务器直接与数据库连接，收集到的被访者答案直接进行储存。

交互式 CATI 系统能够对于 CATI 进行良好抽样及对 CATI 程序进行管理，如建立良好的跳问模式。

3. 网络调查系统

网络调查系统有专门为网络调查设计的问卷链接及传输软件。这种软件设计为无须使用程序的方式，包括整体问卷设计、网络服务器、数据库和数据传输程序。

任务二
管理物流客户信息

任务描述

在客服部员工的共同配合下，刘铭丽完成了桑弘服饰有限公司基本信息的收集工作。公司业务部门借助该客户的基本信息，顺利地承接了一单桑弘服饰有限公司服装成品的运输业务。在桑弘服饰有限公司从潜在客户向现实客户转化的过程中，长海物流公司客户服务部应该做哪些信息管理工作呢？

任务目标

1. 知晓物流客户信息档案的内容。
2. 能根据客户信息建档要求建立简单的客户档案。
3. 知晓客户实物资料归档工作步骤。
4. 能设计并填写客户电子信息表格。

任务实施

一、知识准备

（一）建立物流客户信息档案

通过客户信息调查和客户接触所获得的信息分散在不同的工作部门，不利于企业各部门的共享。为便于客户信息的查询和调用，物流客服人员应根据企业实际需要，建立客户信息档案，集中管理客户信息。

1. 客户信息档案的内容

（1）客户基本资料表。客户基本资料表涵盖客户基本属性信息和客户联系人信息两个部分，其中客户基本属性信息是指客户的名称、类型、所属行业，以及按照企业管理的需要所归属的服务区域等内容；客户联系人信息包括客户业务联系人的姓名、电话、邮箱，以及客户联系人的家庭背景、受教育程度、个人喜好等个人信息，是企业联络客户、维护客户关系的行动基础。

（2）与客户合作的原始资料。客户销售合同，谈判记录，法人客户营业执照副本复印件，客户履约能力证明资料复印件，客户法定代表人或合同承办人的职务资格证明，授权委托书的原件或复印件等都是客户信息档案中非常重要的原始资料。

（3）客户信用评估报告。客户信用评估报告是客户档案的核心内容，是综合反映客户资信情况的材料，是企业对客户授信的依据。

（4）客户接触记录。客户接触记录是指企业与客户往来过程中留下的各项记录，包括业务记录、付款记录、咨询投诉记录以及回访记录等。

2. 客户信息建档要求

（1）一客一档。每新增一个客户就应增设一个户头，记录客户相关信息。

（2）客户信息档案应标准化、规范化，使用统一的表格形式。

（3）客户单位发生重大变动事项、与本公司的业务交往动态，均须记入客户档案。

（二）客户信息资料归档工作

客户信息档案管理涉及实物资料和电子数据两个方面：实物资料主要包括客户营业执照、组织机构代码证复印件，合同、协议文件的原件，以及用光盘、胶片形式保存的各种资料等；电子数据则是指存入企业客户信息系统或客户档案管理软件的数字资料和文字记录。

1. 客户实物资料归档工作步骤

（1）集中需要归档的客户资料。

（2）对客户资料立卷、编页码。

（3）编写“卷内目录”，并放在卷首，格式如表 2－12 所示。

（4）制作案卷封面、封底和备考表，装订资料。“备考表”格式如图 2－2 所示。

（5）交信息管理主管审阅、修改后存入指定位置。

（6）制作“客户资料归档表”，记录资料存放地址，格式如表 2－13 所示。

（7）填写“客户信息目录”或“客户档案目录索引表”，格式如表 2－14 所示。

表 2－12　　卷内目录

填写日期________年________月________日

文件名称		卷宗号	
目　　录			
1.			
2.			
3.			

备　考　表

本案卷材料共有____________页，其中：

文字材料__________页，表图材料____________页

说明：

立卷人____________

______年______月______日

审核人____________

______年______月______日

图 2－2　备考表格式

表 2-13　　　　客户资料归档表

填写日期________年________月________日

<table>
<tr><td>客户名称</td><td colspan="4"></td><td colspan="2">文件名称</td><td colspan="2"></td></tr>
<tr><td>文件编号</td><td colspan="4"></td><td colspan="2">文件总页数</td><td colspan="2"></td></tr>
<tr><td>归档编号</td><td colspan="4"></td><td colspan="2">归档存放处</td><td colspan="2"></td></tr>
<tr><td>保密等级</td><td colspan="4"></td><td colspan="2">保管期限</td><td colspan="2"></td></tr>
<tr><td>说明</td><td colspan="8"></td></tr>
<tr><td>归档时间</td><td></td><td colspan="2">送交人</td><td colspan="2"></td><td colspan="2">接收人</td><td></td></tr>
<tr><td colspan="9">修改变更记录</td></tr>
<tr><td>修改日期</td><td colspan="2">修改单号</td><td colspan="2">送交人</td><td colspan="2">接收人</td><td colspan="2">存档变更记录</td></tr>
<tr><td></td><td colspan="2"></td><td colspan="2"></td><td colspan="2"></td><td colspan="2"></td></tr>
<tr><td></td><td colspan="2"></td><td colspan="2"></td><td colspan="2"></td><td colspan="2"></td></tr>
</table>

表 2-14　　　　客户档案目录索引表

序号	档案号	档案名称	建档日期	储存位置	内容摘要	保管期限
1						
2						
…						

小贴士

客户资料归档要求

（1）选用质量好、耐久性强、便于长期保管的材料保存资料。

（2）按客户分类要求，分区域自上而下、从左至右排列客户资料。

（3）归档资料齐全完整，同一文件的正本与副本、印件与定稿、请示与批复应合并存放。

（4）凡属机密或绝密的客户信息，应注明保密等级，并单独存放。

2. 客户电子信息归档工作内容

客户电子信息是指企业借助各种软件记录的客户基本信息、交易信息和与客户接触信息等。客户信息电子化能有效节省客户信息储存空间和信息管理成本，强化企业对客户信息的集中管理，方便多部门对客户信息的实时共享。大多数小规模企业，因其客户量有限，常将客户资料制作成电子文档，如表 2-15 所示的“一般客户资料卡”，表 2-16 所示的“潜在客户管理卡”；表 2-17 所示的“往来客户一览表”，通过 Word、Excel 等办公自动化软件进行简单的编辑、统计。而在规模较大的企业，则通过建立客户数据库或客户档案管理软件来记录和分享客户信息，客服人员只需及时录入客户信息即可为企业内部各部门提供信息服务。

表 2 – 15　　一般客户资料卡

<table>
<tr><td rowspan="6">客户基本资料</td><td>客户名称</td><td colspan="8"></td></tr>
<tr><td>客户地址</td><td colspan="8"></td></tr>
<tr><td>客户电话</td><td></td><td>传真</td><td></td><td colspan="3">E – mail</td><td colspan="2"></td></tr>
<tr><td>成立日期</td><td></td><td>注册资金</td><td></td><td colspan="3">主要股东</td><td colspan="2"></td></tr>
<tr><td>开户行</td><td colspan="8"></td></tr>
<tr><td>账号</td><td colspan="2"></td><td colspan="3">备注</td><td colspan="3"></td></tr>
<tr><td rowspan="8">客户负责人及联系资料</td><td rowspan="3">公司法人代表</td><td>姓名</td><td></td><td colspan="3">教育经历</td><td colspan="3"></td></tr>
<tr><td>职位</td><td></td><td colspan="3">家庭情况</td><td colspan="3"></td></tr>
<tr><td>出生日期</td><td></td><td colspan="3">联系电话</td><td colspan="3"></td></tr>
<tr><td rowspan="3">公司主要负责人</td><td>姓名</td><td></td><td colspan="3">教育经历</td><td colspan="3"></td></tr>
<tr><td>职位</td><td></td><td colspan="3">家庭情况</td><td colspan="3"></td></tr>
<tr><td>联系电话</td><td></td><td colspan="3">兴趣爱好</td><td colspan="3"></td></tr>
<tr><td rowspan="2">主要联系人</td><td>姓名</td><td></td><td colspan="3">职位</td><td colspan="3"></td></tr>
<tr><td>联系电话</td><td></td><td colspan="3">兴趣爱好</td><td colspan="3"></td></tr>
<tr><td rowspan="5">客户经营资料</td><td>公司规模</td><td>职工人数</td><td></td><td colspan="3">部门数量</td><td colspan="3"></td></tr>
<tr><td>公司性质</td><td colspan="8">□国有企业　□私人企业　□中外合资
□外商独资　□上市公司</td></tr>
<tr><td>同业地位</td><td colspan="8">□领导者　□具影响力　□中等
□中小企业　□其他</td></tr>
<tr><td>公司业务</td><td>主营业务</td><td></td><td>附加业务</td><td colspan="5"></td></tr>
<tr><td colspan="2">近 3 年销售业绩</td><td colspan="7"></td></tr>
<tr><td colspan="10">同本企业的交易</td></tr>
<tr><td>编号</td><td>交易时间</td><td>交易地点</td><td>交易金额</td><td colspan="2">交易负责人</td><td colspan="3">是否有违约</td><td>备注</td></tr>
<tr><td></td><td></td><td></td><td></td><td colspan="2"></td><td colspan="3"></td><td></td></tr>
<tr><td colspan="2">当前信用等级</td><td colspan="8"></td></tr>
<tr><td colspan="2">本公司在交易中的优势</td><td colspan="8"></td></tr>
</table>

表 2 – 16　　潜在客户管理卡

<table>
<tr><td colspan="5">客户概况</td></tr>
<tr><td>客户类型</td><td colspan="4">□个人客户　　　　□企业客户</td></tr>
<tr><td colspan="2">个人客户</td><td colspan="3">企业客户</td></tr>
<tr><td>姓名</td><td></td><td>公司全称</td><td></td><td></td></tr>
<tr><td>地址</td><td></td><td>行业</td><td></td><td></td></tr>
<tr><td>职业</td><td></td><td>注册资金</td><td></td><td></td></tr>
</table>

续表

个人客户			企业客户		
年收入			法人代表		
电话			联系电话		
拜访记录			拜访记录		
时间	方式	记录	时间	方式	记录

表 2－17　　往来客户一览表

客户名称	主营业务	负责部门	客户地址	联系人	联系电话

小贴士

客户信息管理要求

（1）及时更新客户信息，确保客户信息实用。

（2）按时记录客户档案的移出和转入。

（3）严格执行客户档案查阅制度，做好客户信息保密工作。

（4）对客户实行分层管理，并根据掌握的信息及时调整。

（三）记录客户业务数据

客户数据是企业与客户交易过程中形成的各项信息，是客户信息管理的核心内容。及时记录客户数据并进行归类分析，有助于企业主动掌握客户需求信息，加强与客户的沟通和交流，完善企业客户服务政策。

在物流企业客户数据系统中，客户业务数据主要包括企业对客户的销售业绩（营业额）、利润，第一次接受服务的时间、最近一次接受服务的时间，交易方式、交易条件，以及客户的信用状况等内容，表 2－18 记录了企业与客户的交易信息，是常用的记录客户业务数据的参考表格之一。

表 2－18　　客户交易记录表

客户编号				
客户类型				
优先等级				
……				

续表

交易金额	第一季度	1				
		2				
		3				
	……					

（四）分析客户交易数据，及时调整客户等级

在客户管理中，企业通常将客户划分为不同的等级，以便于提供不同的服务和管理。但企业与客户的交易状况不是一成不变的，客户的需求变化、竞争对手的介入等都会改变客户原有的等级层次。所以物流客户服务人员不仅应及时记录客户信息，还应关注客户信用等级的变化。表 2－19 是客户信用升降等级分析的常用格式。

表 2－19　______年第______季度客户升（降）等级分析表

客户名称	交易额上升/下降额	交易额上升/下降率	问题所在

二、小组活动安排

（一）活动内容

（1）分析如何变更桑弘服饰有限公司的档案。

（2）模拟客户回访活动，记录客户回访过程，格式自拟。

（3）装订并归档与桑弘服饰有限公司交易中形成的实物资料。

（二）活动要求

（1）按步骤在“一般客户资料卡（见表 2－15）”“潜在客户管理卡（见表 2－16）”“往来客户一览表（见表 2－17）”等表格中记录桑弘服饰有限公司的信息（该客户资料由潜在客户类转入一般客户类的工作暂不要求）。

（2）分客户基本信息及资信调查报告、营业合同及会谈资料、回访记录三卷装订桑弘服饰有限公司的资料。每一卷资料中设有封面、目录、备考表和封底。

（3）用档案盒存放客户纸质资料，档案盒上注明相关信息。

（三）活动步骤

（1）任课教师任意选定某一服装企业作为桑弘服饰有限公司，收集有关资料，要求学生填写“一般客户资料卡”“潜在客户管理卡”，在“往来客户一览表”中新增该客户的信息，参考格式如表 2－15、表 2－16、表 2－17 所示。

（2）记录客户回访活动，登记“客户交易记录表”（见表 2－18）。

（3）对客户基本信息及资信调查报告、营业合同及会谈资料、回访记录（教师可提供参考格式，也可要求学生自拟）、前期的拜访记录等资料进行装订立卷，工作流程如图 2－2 所示。

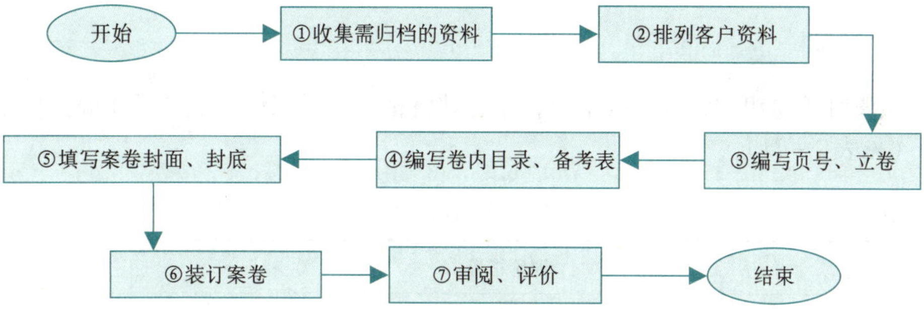

图 2-2　装订立卷工作流程

小贴士

立卷要求

（1）不同年份的资料不能放在一起立卷。

（2）应选用耐久性强、不易褪色的书写材料，用毛笔或钢笔书写。

（3）在每一页材料正面的右上角，背面的左上角打印页号。

（4）按封面、客户资料、备考表、封底顺序装订。

（4）将装订好的案卷放入档案盒内，档案盒代号 K-3，并制作档案盒目录表。

（5）将档案盒放入档案柜，填写“客户资料归档表”（见表 2-13）和“客户档案目录索引表”（见表 2-14）。

任务评价

一、小组活动评价标准

组长负责评价每个组员的工作过程，量化评价标准，总分值为 30 分（见表 2-20）。

（1）态度：用心完成活动任务，并找到自己的疑惑，提出问题；积极参与小组讨论，大胆阐明自己的观点。

（2）互助与合作：帮助组内其他成员解决问题，与小组成员一起分享资源、观点，分担任务和责任。

（3）倾听：认真倾听他人的观点，并能针对其他成员的观点提出自己的观点与见解。

（4）展示与效果：各小组派代表发言，全面、准确汇报小组共同的学习成果。

表 2-20　小组成员评价表

小组名称：＿＿＿＿＿＿　　组长：＿＿＿＿＿＿

小组成员	态度（5 分）	互助与合作（10 分）	倾听（5 分）	展示与效果（10 分）

二、教师评价标准

教师负责评价每组的任务完成情况，量化评价标准，对工作结果进行评价。总分值最高为70分（见表2-21）。

表2-21 小组学习评价指标

序号	评价指标	分值（分）
1	能在规定时间内小组合作完成工作任务，顺利展示。表格内容齐全、书写清晰	60~70
2	能在规定时间内完成工作任务，能做展示。表格内容清楚	50~59
3	在教师或其他组的帮助下完成工作任务，有展示	40~49

三、教师点评

教师对各组活动进行点评、打分，每个学生最后得分为组内成员评价分值加上所在小组分值。

拓展提升

客户资料管理要求

一、客户档案管理要求

（一）客户档案保管要求

（1）客户档案的保管应做到“四不”，即不分散、不混乱、不泄密和不损坏。

（2）定期检查档案资料，对出现的破损、霉烂进行修复和处理。

（3）定期检查档案存放环境，保证库房防潮、防虫、防盗和防火。

（4）定期清点客户的档案材料，严格统计档案数量。

> 小贴士
>
> **档案库房保卫措施**
>
> （1）库房有必要的防火、防潮器材。
>
> （2）保持库房、档案柜清洁，不放无关物品。
>
> （3）无关人员不得进入库房。
>
> （4）库房内禁止抽烟。

（二）档案查阅、销毁与保密要求

1. 档案查阅与外借

客户信息管理专员受理档案查阅业务时，应收取查阅人填写的查档报告。检查查档报告的各项目是否填写完整，是否有查阅部门的印章和负责人的签字。档案保管部门对其查阅目的、对象、理由和查阅人概况进行审核，同意后方能查阅。

客户信息管理专员受理档案外借业务，需办理的手续与查阅相同。受理审核借档报告后，档案保管人员应填写借档表，详细记录借档的材料名称、份数、时间和理由，并要求借档人签字。归还时注销外借记录。

2. 客户档案的销毁

（1）对于超过保存期的档案，客服档案管理人员登记造册，报批。

（2）经批准销毁的客户档案，单独存放半年，避免误毁。

（3）在指定地点销毁文件，登记销毁记录表，并请监督人员签字。

（4）不得将准备销毁的文件挪作他用，或者作为垃圾出售。

3. 档案保密要求

（1）凡属“机密、绝密”的客户档案，必须单独存放，专人管理。其他人未经许可，不得接触。

（2）对于重要文件及物品，未经总经理或主管批准，不得复制和摘抄。

（3）对外交往中，需要提供客户资料的，应事前报客户服务经理批准。

（4）客户信息专员发现客户档案泄露或可能泄露时，应立即采取补救措施，并报客户服务部经理。

二、客户信息保密管理

客户服务部门是客户信息保密工作的归口管理部门，在网络技术部门和其他部门的配合下，负责客户信息保密、维护工作。这里的信息专指记录在企业客户信息系统中的文字和数据，如客户的基本信息、消费信息、付款信息、投诉信息等。

（1）做好客户信息系统的安全维护工作，保证信息的完整、保密和有用。

（2）定期检查系统，严防不可控访问路径。

（3）对客户信息分级，直接影响公司权益的重要客户信息设为绝密级，公司重要业务往来的客户信息设为机密级，一般往来的客户信息设为秘密级。

（4）对秘密信息设定保密期限。

（5）合理授权，确保客户信息的访问权限与职责工作范围相匹配。

（6）查看公司客户信息的人员，不得在公共电话、明码电报和私人通信中泄露客户信息，不得在公共场合谈论客户信息。严禁将客户信息作为商业用途使用。

（7）获得查看权限的员工，应保管好系统密码，不得借给其他人使用。

（8）客户服务部定期检查客户信息安全状况，督促各使用部门每季度对所属员工进行抽查。

巩固提高

一、填空题

1. 客户信息调查由两个阶段组成，即__________和__________。

2. 客户信息调查是常用的收集客户信息的方法，通过调查可以获得全面、详细的客户资料，包括客户的__________、__________、__________和客户满意度信息。

3. 常用的客户信息调查的方法有__________、__________、__________、__________和邮件调查法。

4. __________是反映客户基本特征的各种文字和数据，具体包括客户名称、地址、邮编、电话、传真、经营范围、注册资本以及法定代表人的性格、爱好等。

5. 客户档案的保管应做到“四不”，即__________、__________、__________和不损坏。

二、判断题

1. 开放式问卷的答案是已经确定的，被调查者可以直接选择答案。（　　）

2. 调查问卷的主题与调查目的密切关联，问题目的明确，重点突出，没有可有可无的问题。（　　）

3. 调查组织阶段的主要工作内容是确定调查的目的和任务、调查内容、设计调查问卷以及拟订调查计划。（　　）

4. 客户的信息资料只能直接面对被调查对象收集。（　　）

5. 客户资信信息则是反映客户信用品质、付款能力，表明客户可信赖程度的信息，如客户的信用状况、客户收支状况等，是企业规避经营风险、寻求优质合作伙伴的指南。（　　）

三、单项选择题

1.（　　）具有观察直接、信息真实、调查深入等优点。

A. 电话调查　　B. 邮件调查

C. 焦点人群调查　　D. 以上均不是

2.（　　）是企业与客户交易过程中形成的各项信息，是客户信息管理的核心内容。

A. 客户等级　　B. 客户数据

C. 客户电子信息　　D. 客户基本信息

3. 在客户信息建档要求中提到，每新增一个客户就增设一个户头，记录客户相关信息，这是指（　　）。

A. 一客一档　　B. 客户信息档案标准化

C. 客户信息档案规范化　　D. 统一化

4.（　　）是指客户的名称、类型、所属行业，以及按照企业管理的需要所归属的服务区域等内容。

A. 客户联系人信息　　B. 客户基本属性信息

C. 客户接触记录　　D. 客户信用评估报告

5. 与潜在客户沟通时，严守工作秘密，打消调查对象的顾虑是对（　　）工作的要求。

A. 客户调研　　B. 提问方式

C. 面谈记录　　D. 接近客户

四、多项选择题

1. 客户信息包含的内容复杂，涉及面广，按反映的内容不同可以将客户信息分为（　　）。

A. 客户基本信息　　B. 客户需求信息

C. 客户资信信息　　D. 原始信息

2. 下列各项中，（　　）属于客户需求信息。

A. 对物流服务的需求　　B. 对企业提供的产品或服务的认知度

C. 客户经营状况和管理水平　　D. 以往交易记录

3. 设计调查问卷的要求包括（　　）等内容。

A. 主题明确　　B. 结构合理、逻辑性强

C. 通俗易懂　　D. 内容简洁

4. 客户电子信息是指企业借助各种软件记录的（　　）等信息。

A. 档案　　B. 客户基本信息

C. 交易信息　　D. 与客户接触信息

5. 调查问卷按调查方式不同可分为（　　）。

A. 自填问卷　　B. 封闭式问卷

C. 访问问卷　　D. 开放式问卷

五、简答题

1. 简述客户实物资料归档的工作步骤。

2. 简述客户信息档案的内容。

3. 简述内部工作记录的信息来源。

六、案例分析题

案例 1

陆捷物流有限公司客服部召集部分重点客户开展座谈，就本企业仓储服务中存在的问题做深度探讨。客户信息员张凌和刘军作为调查工作的主要参与人员，参与了拟定调查表、向客户提问等工作。会谈中他发现会场存在以下现象：

（1）参会人员对其公司的仓储服务需求表述含糊，不愿深谈；只表示在合作时会派代表与企业做个别沟通；有的到访客户对沟通话题不感兴趣，执意要求参观作业现场；

（2）在填表环节中，客户提问较多，仿佛对调查表的内容存在疑问；

（3）客户填表过程中，对前面的问题还做仔细斟酌，越往后越快速，有点不假思索；整个填表时间超过了 20 分钟；

（4）会议参与人员有三个，主任负责主持，张凌和刘军负责现场的服务，没人做记录；张凌打算做记录，但没有记录本；

（5）填表时，刘军很热心帮助客人，但客人似乎不太买账。

请你分析这次座谈会议中存在的问题。

案例 2

长海物流公司兼营快递业务。某日，地处学院区域的门店经理发现一个现象，每到下课时间学院门前总是堆满了快递员。原来为保证正常的教学秩序，学院不许快递人员进入校园。快递公司与学生共同面临着货物交接不及时的问题。怎么办？经理突然萌生了一个想法，与学校协商，在大门外侧装一个类似于超市的储物箱柜。快递员到达学校后，将货物存入储物箱，然后用手机向收货人发送开启储物箱的密码。此项服务按次对收货人收费。接下来经理考虑的事情就是学校里网购的业务量有多大？乐于接受此项服务的学生有多少呢？如果他将此次调查工作交给你，你该怎么做呢？

项目三
3 实施客户分类　管理客户资信

思政目标

树立“中国制造”信心，增强以质量和信誉为核心的品牌意识。

知识目标

1. 知晓客户分类的目的和分类方法。
2. 理解物流客户 ABC 分层管理的理论基础。
3. 了解物流客户资信的重要性。
4. 了解客户资信管理的主要工作。

技能目标

能够完成简单的物流客户 ABC 分层工作，并能开展物流客户资信的初步评估工作。

素养目标

帮助学生确立抓重点抓难点的工作观念，提升工作效率和能力。

任务一 认识物流客户分类管理

思政案例
中欧班列突破 5 万列，用实力打造“一带一路”经济发展的钢铁长龙

任务描述

为增加营业收入，充分发挥企业资产的效益，长海物流公司决定再次对客户需求情况进行分析，确定公司的大客户以及其他有发展潜力客户的名单。公司将任务下达到客服部门，客服主管安排老员工汪雷完成此项工作，实习生刘铭丽协助。他们该做哪些工作呢？

任务目标

1. 知晓客户分类的方法。

2. 阐述客户分类管理的重要作用。

3. 理解客户分层管理思想，并开展简单的客户分层管理。

任务实施

有效的客户分类

一、知识准备

为客户提供最合适的服务，与优质客户企业建立起长久的合作关系，是每一个物流企业的良好愿望。什么样的服务才是最适合客户的？哪些客户才是优质客户？怎样使客户的价值与企业的价值同步提升？要解决这些问题，收集整理客户信息只是第一步，对客户信息进行分析，发现客户需求特点，实施分层管理、分层服务才是关键。

（一）物流客户分类分析

1. 常用的客户分类方法

（1）从价值管理的角度，可以划分为大客户、普通客户和小客户。

①大客户。大客户包含了两个部分，即 VIP 客户和重要客户，是指那些对产品或服务需求量大、消费频率高，且对企业经营业绩产生重要影响的客户。这类客户数量不多，但为企业提供了 80% 左右的利润。

②普通客户。普通客户是指需要企业去培育、发展，有提升潜力的客户，这类客户数量约占企业全部客户的 15%，并且提供了相近比例的利润。

③小客户。小客户是指追求实惠、希望从价格上获得优惠的客户，这类客户数量占企业客户总数的 80% 左右，但只为企业提供了 5% 左右的利润。

三个不同层级的客户数量和价值贡献特征如图 3－1 所示。

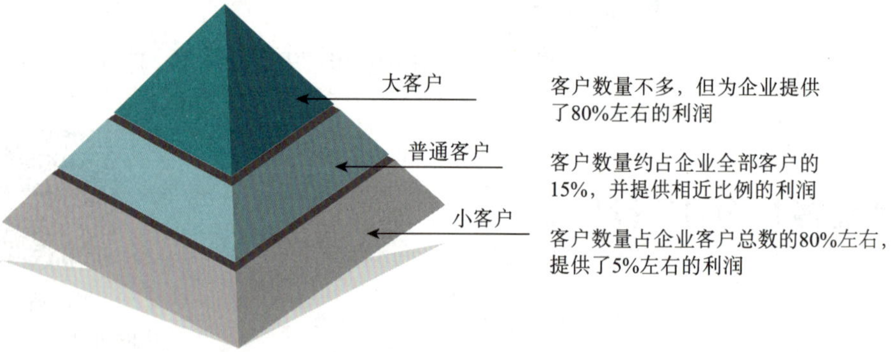

图 3－1　客户价值分层

从价值管理的角度对客户进行分类，是客户管理中最常用的方法。使用这种分层方法，能发现不同客户对企业贡献的差异，帮助企业抓住重点客户，并确保对重点客户的服务。表 3－1 所示为企业常用的“客户分层管理表”，表内按序排列不同等级的客户，突出重要客户的基本信息。表 3－2 所示为企业常用的“重要客户管理表”，它集中体现了企业客户分层管理的思想。

表 3－1　　客户分层管理表

<table>
<tr><td rowspan="9">客户等级分类</td><td rowspan="3">大客户
（营业额所占比例在____以上）</td><td>客户代码</td><td></td><td></td><td></td></tr>
<tr><td>客户名称</td><td></td><td></td><td></td></tr>
<tr><td>业　种</td><td></td><td></td><td></td></tr>
<tr><td rowspan="3">普通客户
（营业额所占比例在____之间）</td><td>客户代码</td><td></td><td></td><td></td></tr>
<tr><td>客户名称</td><td></td><td></td><td></td></tr>
<tr><td>业　种</td><td></td><td></td><td></td></tr>
<tr><td rowspan="3">小客户
（营业额所占比例在____以下）</td><td>客户代码</td><td></td><td></td><td></td></tr>
<tr><td>客户名称</td><td></td><td></td><td></td></tr>
<tr><td>业　种</td><td></td><td></td><td></td></tr>
</table>

表 3－2　　重要客户管理表

<table>
<tr><td rowspan="2">序号</td><td colspan="2">营业额前 10 名</td><td colspan="2">营业额增长率前 10 名</td><td colspan="2">营业利润率前 10 名</td></tr>
<tr><td>客户名称</td><td>营业额</td><td>客户名称</td><td>增长率</td><td>客户名称</td><td>利润率</td></tr>
<tr><td>1</td><td></td><td></td><td></td><td></td><td></td><td></td></tr>
<tr><td>2</td><td></td><td></td><td></td><td></td><td></td><td></td></tr>
<tr><td>3</td><td></td><td></td><td></td><td></td><td></td><td></td></tr>
<tr><td colspan="2">重点管理客户</td><td>营业额目标</td><td colspan="2">设为重点客户的原因</td><td colspan="2">实现目标的方法</td></tr>
<tr><td colspan="2"></td><td></td><td colspan="2"></td><td colspan="2"></td></tr>
<tr><td colspan="2"></td><td></td><td colspan="2"></td><td colspan="2"></td></tr>
<tr><td colspan="2">客服部经理建议</td><td colspan="5"></td></tr>
<tr><td colspan="2">总经理建议</td><td colspan="5"></td></tr>
</table>

（2）从客户追求的利益角度，可以划分为经济型客户、道德型客户、个性化客户和便利型客户四个类别：经济型客户关注价格，追求便宜；道德型客户重视品牌，主动光顾社会责任感强的企业；个性化客户喜欢与众不同，愿意为个性化买单；便利型客户注重方便、快捷。

客户按追求的利益分类，能发现不同客户的需求差异，为确定差异化的服务策略提供依据。

体验活动

走访家庭或学校附近的仓储型超市和便利型生活超市，看看他们的服务对象有什么不同？他们是如何满足消费者的需求的？

____

____

____

（3）按客户生命周期阶段，可以划分为开发期客户、接触期客户、确立期客户、成熟期客户、反复期客户以及衰退期客户。

企业与客户间合作关系的发展如同产品的生命周期，对处在开发期的客户，企业应注重客户调查、企业宣传；对处在接触期的客户，企业应做好客户咨询，充分展示企业优势；开发期客户、接触期客户也称目标客户，与客户沟通，准确了解客户的需求，拉近与客户的距离是关键；对于确立期的客户，满意的服务体验则是关键；对于成熟期客户，深度调查、提供个性化解决方案是重点，对于反复期客户，给予更多的价值利益，增加客户转换物流服务商的成本是安定客户的有效手段；对于处在衰退期的客户，应合理淘汰或冷静放弃。

体验活动

如果你是某保险公司汽车险市场开发部人员，你怎样去发现并接近目标客户呢？

____

____

____

2. 其他客户分类方法

除了上述三种客户分类方法外，企业还可以按区域、交易额或交易量、忠诚度及客户的行为习惯进行分类。必要时还将按客户发展状况、信用程度、物流领域、社会使命等进行分类。比如，按物流领域可分为普通客户、军事物流客户、应急物流客户、公益客户等。对于特殊类的客户，对客户分层管理时要注意服务的目标、内容、关注度都不同。军事物流服务要特别强调保密性；应急物流特别强调时效性；公益物流强调服务的实效性。表 3－3、表 3－4所示为对客户按地理位置分类，它主要反映客户集中的区域，为物流企业分区设立服务网点、分片管理客户提供依据。表 3－5 所示内容为按客户性别、年龄进行的综合分类，是企业常用的客户分类表格。

表 3－3　　客户地址分类表

区域编号	客户名称	地址	经营类别	不宜拜访时间	备注
区域一					

续表

<table>
<tr><th>区域编号</th><th>客户名称</th><th>地址</th><th>经营类别</th><th>不宜拜访时间</th><th>备注</th></tr>
<tr><td rowspan="2">区域二</td><td></td><td></td><td></td><td></td><td></td></tr>
<tr><td></td><td></td><td></td><td></td><td></td></tr>
</table>

表 3－4　　客户区域分析表

项目 年度	区域	客户数量	占客户总数量的比例	占该区总销售额的比例

表 3－5　　自然人客户分类分析表

<table>
<tr><th>分类标准</th><th colspan="12">客户比例</th></tr>
<tr><td rowspan="2">性别</td><td colspan="6">男性比例</td><td colspan="6">女性比例</td></tr>
<tr><td colspan="6"></td><td colspan="6"></td></tr>
<tr><td rowspan="2">年龄所占比例</td><td colspan="3">18 岁以下</td><td colspan="3">18～45 岁</td><td colspan="3">45～60 岁</td><td colspan="3">60 岁以上</td></tr>
<tr><td colspan="3"></td><td colspan="3"></td><td colspan="3"></td><td colspan="3"></td></tr>
<tr><td rowspan="2">地域</td><td colspan="2">乡村比例</td><td colspan="2">城市比例</td><td colspan="2">东部比例</td><td colspan="2">西部比例</td><td colspan="2">南部比例</td><td colspan="2">北部比例</td></tr>
<tr><td colspan="2"></td><td colspan="2"></td><td colspan="2"></td><td colspan="2"></td><td colspan="2"></td><td colspan="2"></td></tr>
<tr><td rowspan="2">接受服务金额</td><td colspan="4">高额比例</td><td colspan="4">中额比例</td><td colspan="4">低额比例</td></tr>
<tr><td colspan="4"></td><td colspan="4"></td><td colspan="4"></td></tr>
<tr><td rowspan="2">月订单频率</td><td colspan="4">3 次以下</td><td colspan="4">3～6 次</td><td colspan="4">6 次以上</td></tr>
<tr><td colspan="4"></td><td colspan="4"></td><td colspan="4"></td></tr>
<tr><td rowspan="2">关注要素</td><td colspan="4">质量比例</td><td colspan="4">速度＋质量比例</td><td colspan="4">态度比例</td></tr>
<tr><td colspan="4"></td><td colspan="4"></td><td colspan="4"></td></tr>
</table>

小贴士

用户画像是一种勾画目标用户、联系用户诉求与设计方向的有效工具，它可以使产品的服务对象更加聚焦、更加专注。每一个产品或服务都是为特定目标群的共同标准而服务，如果一款产品适合每一个人，那么它要么毫无特色，要么过于简陋。而用户画像则离不开大量的客户信息，从个人生理心理特征，到购买行为特征。

体验活动

仔细观察图3-2所示的某快递公司的订单信息界面，你能找到快递公司对客户分类的依据吗？

____

____

____

订单信息>>

订单号	CSS000047067263	客户卡号	1111111111
寄方姓名	常莉	寄方电话	18717106681
公司名称		客户类型	非月结客户
寄方地址	湖北 武汉市 汉阳区 武汉市汉阳大道790号财政学校		
收方姓名		收方电话	
收方公司			

图3-2 某快递公司订单信息界面

（二）物流客户ABC分层管理

当你画一条鱼的时候，你是先画鱼的主要骨干等粗线条，还是从头、尾等细枝末节开始画呢，试试看，两种不同的选择会有什么结果。实践证明如果你选择前者，只需要描摹几条主线，再稍作美化，一条鱼也就跃然眼前了。这就是管理学上有名的鱼骨头理论，告诉我们凡事要抓重点。那么在客户管理中，谁是企业重要的客户呢？如何才能更好地服务重要客户呢？

1. 客户ABC分层管理目标

物流客户ABC分层管理是企业重要的客户信息分析工作，其核心是根据企业管理的需要，从客户交易状况、发展潜力、资信程度等方面，对客户进行分析评级，据此制定不同的服务策略和战略的管理方法。

小贴士

客户分类管理的目标

（1）留住最有价值的大客户，用特殊待遇激励大客户为企业创造更多的价值。

（2）培育最具发展潜能的增长型客户，帮助其获得大客户专享礼遇。

（3）改造低贡献客户，培养有发展潜力的小客户。

（4）淘汰劣质客户，减少浪费，发挥服务成本的最大效用。

2. 客户分层管理的分析内容

（1）分析客户需求差异，发现近期频频合作的客户。客户需求差异的分析围绕客户近况、营业金额、消费频率和客户企业内部环境四个方面展开，主要涉及客户最近一次合作情况，客户持续合作的概率，客户在测试期间的营业额和接受服务的频率等内容。

（2）分析客户价值，挖掘有利于企业长久发展的价值客户。客户价值分析主要围绕客户所处的生命周期阶段和发展潜力两个方面展开，其中客户价值分析是立足于客户销售、客户利润和客户份额等指标，如客户累计营业额，营业额增长率，营业利润率，客户对企业利润的贡献率。客户发展潜力分析则侧重于客户成立时间、持续经营情况和产品的竞争力等方面。

（3）分析客户资信程度，找到令企业放心的客户。客户资信程度是指客户的可信赖程度，客户的资信程度越高，企业发生坏账、死账的可能性越低，企业的经营风险越小。客户资信程度的分析主要围绕资产债务额度、资产流动性、抵押品等方面进行。

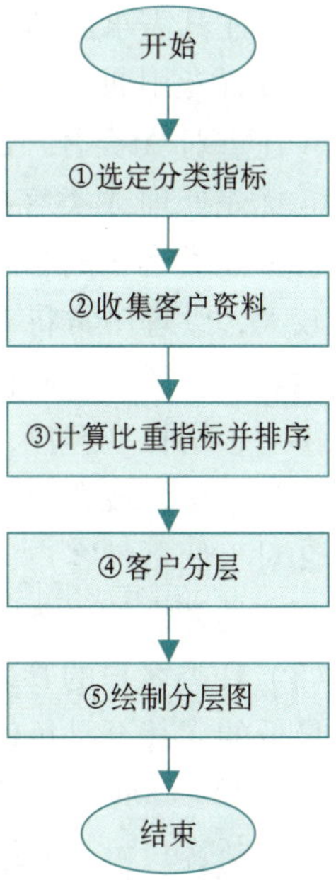

图3-3　客户ABC分层步骤图

3. 客户ABC分层步骤

选定客户分类指标后，通过图3-3所示的具体步骤将客户分成A、B、C三类，其中A类为大客户，B类为普通客户，C类为小客户。

（1）选定分类指标，确保分类指标与分类管理目标相适应。

（2）收集数据，并进行审核，确保资料的完整性和准确性。

（3）计算各客户的比重值，然后进行由高到低的排序。

（4）参考表3-6进行客户分层，绘制ABC分析图。

表3-6　客户分层说明表

类别		数量比例	特点	服务建议
A	VIP客户	1%	购买力大，贡献最大	特殊的服务政策，提供尊贵、优质的服务
	重点客户	4%	营业额比例大，贡献率较高	将他们设为工作重点，虚心听取意见
B	普通客户	15%左右	营业额比例和贡献率较一般	研究培养，着重开发
C	小客户	80%左右	客户数目最大，营业额小	适当简单维护，平稳淘汰

4. 客户ABC分层管理策略

（1）A类客户的管理策略。A类客户的管理以提高其忠诚度为目标，提升其带来的价值，从而保证企业的持续发展。在策略上应该注意的是：

①成立专门的客户服务机构，指派专门的客服人员与A类客户联系，将优势资源优先分派给A类客户；

②关注其需求波动，为其制定效益最大的服务方案，增加其财务利益；

③设置专用通道，建立快速的双向沟通渠道，实现与A类客户的无障碍沟通；

④注重对A类客户的拜访和情感交流，维护双方关系；

⑤优先处理A类客户的投诉。

（2）B类客户的管理策略。相对于A类客户，B类客户的业务量（或贡献的价值）波动性较大，管理中常将B类客户进一步划分为有提升潜力的增长型客户和没有提升潜力的低贡献客户两类，因而在管理策略上也存在差异。

①对于增长型客户，企业应大力培育。通过设计鼓励消费项目、提供一条龙的服务等策略来拉动消费，或者通过设置奖励积分刺激这类客户的消费。

②对于低贡献客户，企业应采用维持策略，通过不提供附加服务、降低服务投入等手段缩减对这类客户的服务。

（3）C类客户的管理策略。不管是对企业的利润贡献，还是品牌的宣传，C类客户作用都是最低的，甚至是负值。对这类客户，企业应有针对性地改造或淘汰，而不是简单粗暴地拒绝。

①判断客户可否升级。对于可升级的客户，实施低贡献客户管理策略。

②果断淘汰劣质客户。劣质客户是指那些对企业的贡献小甚至是负值，但经常抱怨的客户。果断淘汰劣质客户时应注意降低负面影响，提高服务价格、取消免费服务项目、缩小服务范围是礼貌的做法。

体验活动

进入一家银行大厅，仔细观察客户排队等候的情形。对大厅出现的不同窗口等待人数严重不均，或白金客户“加塞”等现象，你怎么看？

____

____

____

5. 客户ABC分层管理的意义

小贴士

你知道“二八法则”吗

生活中我们经常看到20/80现象，如20%的重点商品、重点客户带来80%的利润；80%的财富集中在20%的人手中；80%的资金投到重要的20%的业务上。19世纪末20世纪初，意大利经济学家和社会学家维弗烈度·帕累托根据这个现象，提出了国际上公认的“二八法则”。它告诉我们80%的收获来自20%的努力；企业管理中要抓好关键的20%，用20%的少数带动80%的多数。客户管理上亦是如此，对重点客户的管理是关键。

对客户实行分类管理，为不同的客户提供不同的服务项目、服务时间和不同的收费标准，是差异化营销管理的策略。从客户的角度看，物流产品的多样化和个性化特性才能满足客户的各有所求，企业的战略伙伴也希望获得不同一般的“礼遇”；从物流企业的角度看，对客户进行分类管理，能帮助企业将有限的资源投入到高价值客户的服务中，实现资源的优化分配和资产效用的最大化。所以客户分类管理是物流供应商和物流客户的共同需求，其意义体现在：

（1）充分发挥资产效用，与大客户建立起稳固、深入的合作关系。企业与客户的关系可以分为五个层级，在每一个层级，企业与客户关联的紧密程度有着很大的不同，图 3－4 概括性地展示了不同层级客户对企业的依赖程度。与客户建立起战略合作者关系，以期获得长久、稳定的合作是客户管理的重要目标。但在资源有限的前提下，如何让资源发挥最大的效用？留住大客户，做好大客户的服务，无疑是企业首选之策，这是因为企业 80% 的收益来自大客户。

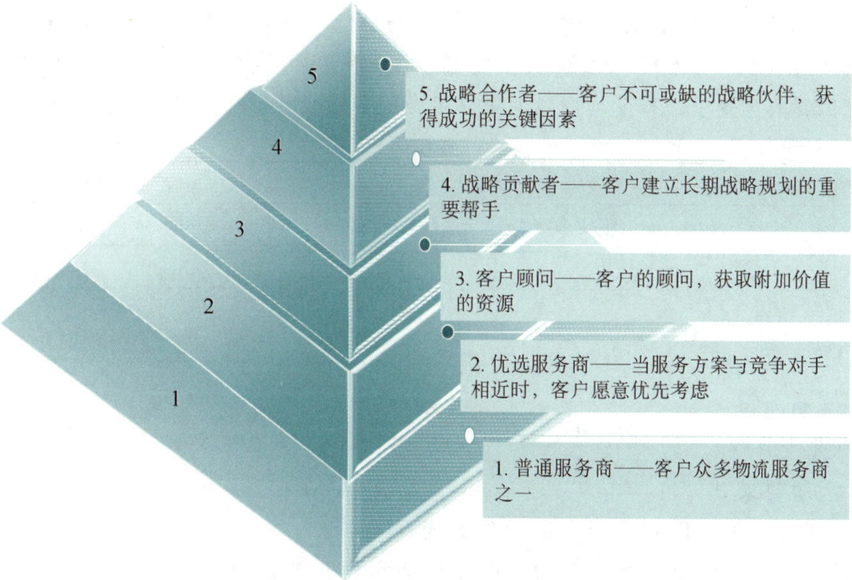

图 3－4　客户关系层级图

对客户进行分类，便于企业识别并找到大客户，并将优势资源用于大客户的营销。成立专门的大客户服务机构，实时关注大客户需求动态，为大客户提供量身定制的服务方案等一系列管理措施，能保证大客户在合作中获得更大的财务利益，从而与企业建立起基于价值的最稳固、最深入的合作关系。

（2）有效地培育客户群，建设优质客户团队。为现实客户提供优惠的附加服务，能有效激励潜力客户，促使他们主动与企业合作；让优质客户获得更加优厚的价值利益，对不同消费额的客户给予不等的积分激励，能刺激中小客户更多地选择与企业合作；采用提高服务价格等手段礼貌淘汰劣质客户，既能减少企业的无效投入，又能避免这些客户的负面口碑。总之，通过差异化的服务策略和分级的客户管理，一方面能实现客户的“优胜劣汰”，建设一支优质的客户团队，另一方面降低企业开发新客户的成本和风险。

小贴士

成功运用“二八法则”的范例

在“二八法则”的指导下，国外一些跨国公司的老板活得极为轻松。比尔·盖茨的企业不可谓不大，可他却能“周游列国”，每年来中国旅游就有三次之多；股神巴菲特几乎每星期都有时间观赏两部以上的电影。这些身价上亿美元的企业家为何如此清闲？因为他们抓住了客户中最关键的20%。

体验活动

2002年美国花旗银行上海分行公开对外宣称：对日平均总存款额在5 000美元以下的存款客户每个月收取6美元或50元人民币的账户管理费。如果拥有10万美元，就可以进入豪华和私密的贵宾理财室，接受理财顾问量身定做的金融服务。花旗银行为什么要这么做？

____

____

____

二、小组活动安排

（一）活动内容

对客户进行分层。

（二）活动要求

（1）根据客户管理目的选择合理的分类依据。

（2）科学分类，提供大客户名册，确定普通客户和小客户。

（三）活动步骤

1. 分析客户分类目的，选定分层关键指标

长海物流公司为增加营业收入，充分发挥企业资产的效益，决定再次分析客户需求情况，进行客户分类。很明显公司此举是为了找到消费金额大且长期与公司保持业务往来的客户。若客户的资信程度、规模等差异不大，企业就可选择客户的消费金额指标，即对客户的营业收入来源进行客户的分层。

2. 获取信息，掌握不同客户的营业收入来源

实际中，营业收入来源可以从营销部门或财务部门获得，安装了客户关系管理软件（CRM）的企业，也可通过软件系统获得客户的营业收入数据。课堂上，对客户的营业收入资料由任课教师提供，数据如表3-7所示。

表 3-7　长海物流公司××××年客户营业收入资料　单位：万元

客户序号	客户 1	客户 2	客户 3	客户 4	客户 5	客户 6	客户 7
营业收入	590	140	100	740	120	68	50
客户序号	客户 8	客户 9	客户 10	客户 11	客户 12	客户 13	客户 14
营业收入	50	20	40	12	40	10	20

3. 排序并计算

对客户营业收入进行由高到低的排序，并计算各客户营业收入占营业收入总额的比重、累计营业收入和累计占营业收入总额的比重等指标，具体内容如表 3-8 所示。

表 3-8　长海物流公司××××年客户营业收入排序表

指标 客户	营业收入（万元）	占营业收入总额比重（%）	累计营业收入（万元）	累计占营业收入总额比重（%）
客户 4	740			
客户 1	590			
客户 2	140			
客户 5	120			
客户 3	100			
客户 6	68			
客户 7	50			
客户 8	50			
客户 10	40			
客户 12	40			
客户 9	20			
客户 14	20			
客户 11	12			
客户 13	10			
合计	2 000			

小贴士

比重指标的计算公式

比重也称结构相对数，是构成整体的各个部分与整体的比，用来说明现象的内部结构，或整体中某一部分的重要程度。其计算公式为：

结构相对数＝总体中某一部分数值/总体全部数值×100%

4. 确定 A 类客户、B 类客户和 C 类客户的范围

根据各客户营业收入或累计占营业收入总额比重值的特点，确定具体的 A 类客户、B 类客户和 C 类客户。

5. 绘制客户分类图，展示分类结果

在图 3-5 中，纵轴表示累计的客户营业收入占收入总额的比重，横轴上各客户按营业收入由大到小排列。要求根据“累计占营业收入总额比重”栏指标值，在坐标系中画出累

计占营业收入总额比重曲线，横轴的下端标注三类客户的数字代码。

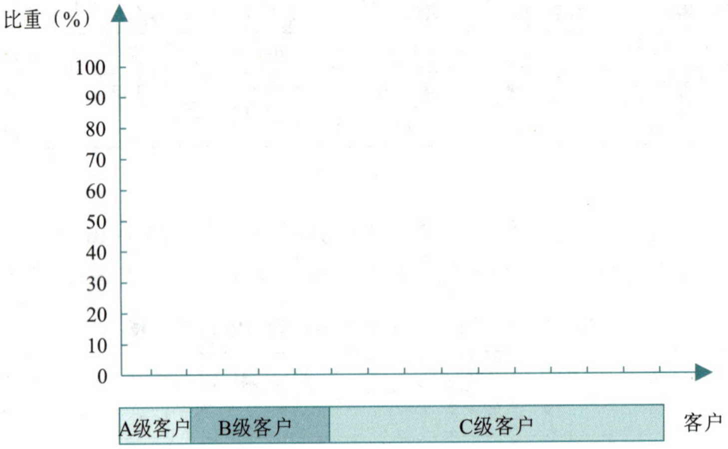

图 3－5 客户分层

6. 提出分层管理的建议和策略，完成表 3－9 的内容

表 3－9 客户分层管理表

类别	标准	管理措施
A 类	平均年交易额____以上，年交易次数____次以上	（1）每____周保证电话沟通一次以上，每____个月拜访其高层领导人一次 （2）专人收集信息，通过专业报刊、公司网站等途径分析其动态 （3）随时为其提供良好的建议和合作切入点
B 类	平均年交易额____以上，年交易次数____次以上	（1）至少每____周保证一次电话联络 （2）每____个月拜访其采购经理以上人员
C 类	平均年交易额____以上，年交易次数____次以上	每____周保证一次电话联络，每____个月拜访一次

（四）成果展示

1. 各组展示表 3－8 的计算结果，并派代表解说计算过程。
2. 各组展示图 3－5，并派代表解释绘制过程。
3. 分析企业客户管理的重点和应采用的措施。
4. 各小组展示表 3－9 的内容，并做出相应解释。

任务评价

一、小组活动评价标准

组长负责评价每个组员的工作过程，量化评价标准，总分值为 30 分（见表 3－10）。

（1）态度：用心完成活动任务，并找到自己的疑惑，提出问题；积极参与小组讨论，大胆阐明自己的观点。

（2）互助与合作：帮助组内其他成员解决问题，与小组成员一起分享资源、观点，分担任务和责任。

（3）倾听：认真倾听他人的观点，并能针对其他成员的观点提出自己的观点与见解。

（4）展示与效果：各小组派代表发言，全面、准确汇报小组共同的学习成果。

表 3－10　　小组成员评价表

小组名称：＿＿＿＿＿＿　　组长：＿＿＿＿＿＿

小组成员	态度（5 分）	互助与合作（10 分）	倾听（5 分）	展示与效果（10 分）

二、教师评价标准

教师负责评价每组的任务完成情况，量化评价标准，对工作结果进行评价。总分值最高为 70 分（见表 3－11）。

表 3－11　　小组学习评价指标

序号	评价指标	分值（分）
1	能在规定时间内小组合作完成工作任务，顺利展示。分层科学合理，观点新颖，合乎客户分层管理思想的要求	60～70
2	能在规定时间内完成工作任务，能做展示。有自己的观点，表述清楚	50～59
3	在教师或其他组的帮助下完成工作任务，有展示	40～49

三、教师点评

教师对各组活动进行点评、打分，每个学生最后得分为组内成员评价分值加上所在小组分值。

拓展提升

大客户管理

一、大客户的特征

1. 大客户的含义

大客户是指对产品（或服务）需求频率高，营业额量大，客户提供的利润率高，对企业经营业绩产生重要影响的客户。

2. 大客户的特征

大客户是企业生存和发展的命脉，能够为企业带来长期利润。企业认定的大客户通常具有以下特征，同时这也是企业筛选大客户的标准。

（1）具有先进的经营理念。

（2）具有良好的财务信誉。

（3）物流需求量大。

（4）是实现企业销售目标和利润的核心客户。

（5）是企业拓展业务的重要资源。

二、大客户的分级管理

（1）设立大客户管理部门，专职机构负责大客户的开发、营销和互动活动。

（2）以年收入指标为依据划分大客户级别，分别确定 A、B、C、D 四个级别的大客户。

（3）大客户专员定期汇总分析大客户的信息资料和需求情况，客户服务部门经理上报大客户月度、季度和年度收入报表。

（4）保持与特级大客户领导的定期互访和沟通，与之建立紧密的合作伙伴关系，并实时地与大客户进行一对一的沟通宣传以及新业务的推广交流活动。

（5）定期检查大客户服务工作，每季度对大客户的服务情况进行一次审核；跟踪客户需求动态变化，及时将符合条件的客户升级为大客户。

（6）定期回访大客户，对于 A 级大客户每月走访不少于三次，电话联系每周不少于两次；对于 B 级大客户每月走访不少于两次，电话联系每周不少于两次；对于 C 级大客户每月走访不少于一次，电话联系每周不少于两次；对于 D 级大客户每月走访不少于两次，电话联系每周不少于一次。

（7）每半年举办一次大客户座谈会，每月召开一次大客户需求分析会。

（8）负责大客户大型项目的申报，落实相关项目的进展情况，协调各部门为大客户提供优质服务。

小贴士

客户信息是企业的重要商业机密，是员工团队共同开发维护的成果。不属于某个管理者的资源，离职带走客户是对公司的侵权。离职后带走客户名单的做法，首先会破坏公司对个人的信任和认可，其次毁坏了其职业名誉。在客户管理职位中，合理使用手里的权力，诚信履职非常重要。

三、大客户服务主要工作方式

（1）竭力拓展业务。推举同行业大客户中知名度高、代表性强的优质客户作为业务推广典型，提升服务产品的影响力。

（2）上门服务。当大客户有服务需求时，及时、主动地上门服务，并密切跟踪业务进度。

（3）随叫随到。对于服务需求时间不固定的大客户，应开通 24 小时服务热线，以便能及时解决客户的问题。

（4）定期服务。定期上门拜访和电话回访大客户，主动了解大客户需求，解决大客户的难题。

（5）个性化服务。大客户专员应从客户的角度出发，为其量身设计服务方案，提供优质、高效的服务。

（6）随时服务。提供“绿色贵宾通道”，在第一时间内承接大客户托办的业务，让大客户深切感受“VIP”客户的荣耀。

（7）增值服务。不断为大客户创造基本服务以外的新价值，为大客户提供超值的服务方案。

任务二
管理客户资信

任务描述

客户信息专员张军近日接到信息主管布置的任务，要求他汇总上季度各客户的付款记录，观察客户信用的变化，提出需要防范的客户名单。张军通过整理资料发现，锦城某客户上季度销售滑坡，他该怎么做呢？

任务目标

1. 理解客户资信管理的重要性。
2. 阐述客户服务部在客户资信管理中的具体工作。
3. 能根据客户资信管理工作流程的要求完成核定客户信用限度的基础工作。

任务实施

一、知识准备

（一）客户资信管理的内容

1. 客户资信程度的含义

客户资信程度是指客户的可信赖程度，也称客户信用，是指客户按照交易合同的要求，按时、足额偿付欠款的品质和能力。在市场经济体制下，因竞争的需要，企业通常会向客户赊销其产品，为客户提供一定的信用期限和信用额度。赊销在一定程度上刺激了销售，但也使企业面临无法收回货款的风险，各种呆账、死账等坏账损失加重了企业的负担，蚕食着企业的利润。

在物流企业，无法收回交易款项的风险更大，这是因为物流企业往往是在服务工作完成后才收取款项，而服务产品的无形性、服务过程的不可逆转性以及服务质量评价的主观性等特性都加大了客户拒付款项的概率；另外，物流企业对于部分长期合作的客户，通常按月或季度结算款项，客户经营状况发生变化也会延迟或无力支付款项，因此物流企业在客户管理上更重视客户信用风险的管理。

2. 客户信用风险等级

客户的资信程度取决于其资产的盈利能力、变现能力，客户的资信程度越高，企业面临的信用风险越低。基本的客户信用风险等级有无风险级别、低风险级别、平均风险级别和高风险级别四个，其主要特征如图 3－6 所示。

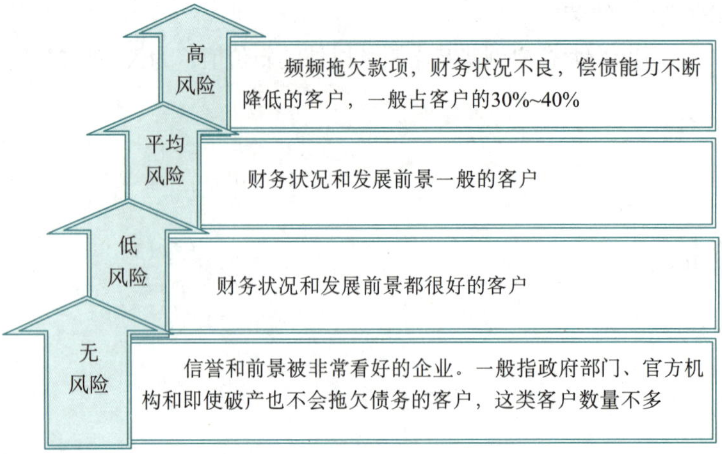

图 3－6　客户信用风险等级

3. 客户资信管理的作用

客户资信管理的作用在于了解不同客户的信用状况，为企业制定信用政策提供重要的依据。在企业客户群体中，若客户按期履约付款，则企业的资金会正常运转，经营活动如期进行；若客户经常拖欠款项，则会导致企业资金链的断裂。所以物流企业必须掌握客户的信用状况，对不同的客户提供不同的付款期限和优惠条件，客户资信管理的作用如图 3－7 所示。

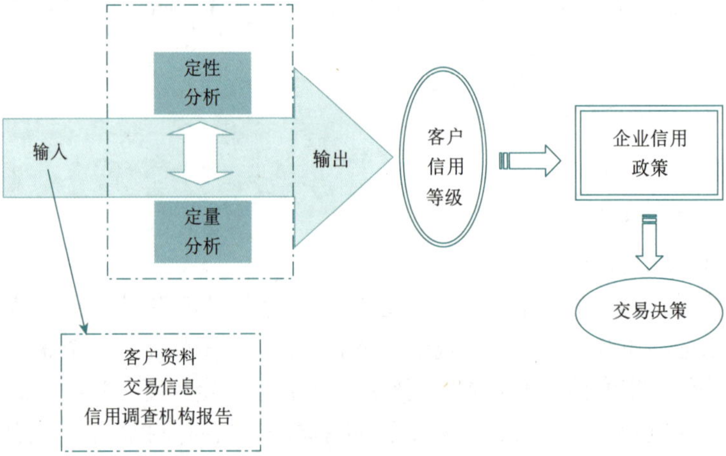

图 3－7　客户资信管理的作用

小贴士

信用政策

信用政策是指企业对应收账款进行管理和控制而确立的基本原则，它包括信用标准、信用期限和回款管理等三个方面的内容。解决向谁提供信用、提供多大的信用额度、信用期限多长以及如何收回款项等问题。

（二）客户服务部在客户资信管理中的具体工作

1. 建立客户信用管理档案

客户服务人员以客户信用数据为基础，建立客户信用档案，记录客户存续期间的信用信息。

> **小贴士**
>
> **客户信用档案的主要内容**
>
> （1）企业基本信息，如企业规模、行业、经营产品、法人代表等。
>
> （2）良好信息，以往交易或调查中获得的良好记录。
>
> （3）提示信息，客户的不良信用记录。
>
> （4）警示信息，客户被处罚的记录。

2. 收集客户信用信息

客服部客户信息专员负责组织销售及市场人员开展客户信用调查，收集客户的信用信息，并保证客户信息的真实、客观、准确、完整。客户信用调查工作，可由外聘的金融机构、专业资信调查机构或行业组织完成，也可由企业内部客户服务人员来完成。客户服务部人员在企业内部组织人员进行客户信用调查，应先拟定“客户信用调查表”（见表 3－12），填写“客户信用调查记录表”（见表 3－13）。

表 3－12　客户信用调查表

客户编号		地址			电话	
负责人		住址			传真	
创业时间		营业项目		经营方式		
开始交易时间		营业区域		营业地点		
负责人	性格			职务		
	学历			技术		
	……			……		
财务方面	银行往来			银行信用	□很好 □好 □一般 □差 □很差	
	资本	______元		付款态度	□爽快 □一般 □延迟 □为难 □常欠尾款	
	账表	□完备 □存在问题		往来评价	□很好 □好 □一般 □差 □很差	

表 3－13　　客户信用调查记录表

客户名称：　　　　填表日期____年____月____日

银行状况	
诉讼记录	
付款记录	
担保记录	
同行评价	
拖欠情况	
分析总结：	

调查人员：

3. 参与客户信用评估，公开评估结果

客户服务部门定期（每季度）协同财务部、销售部和市场部开展客户信用的评级工作，将客户分为守信客户（A 类）和信用不良客户（B 类）两个类别，并对企业营销部门、财务部门等各部门和客户公开。对守信客户，评定信用等级，颁发信用等级荣誉称号。公示不良信用客户，并将这类客户分为警示客户、失信客户和严重失信客户三个等级。对警示客户用蓝牌表示；对失信客户用黄牌表示；而严重失信客户则用黑牌表示。

体验活动

假设你是某企业的员工，当你发现你所属企业在合作单位的黑牌上赫然有名，你会有怎样的感受？

____

____

____

4. 开展客户信用跟踪，及时报告客户信用变化

客户信用等级评定后，企业财务部门、营销部门将根据客户的信用等级核定客户的信用额度和信用期限。

客户的信用是一个动态的状况，实时跟踪、报告客户信用的变化，能使企业规避信用风险。客户信息专员应及时记录客户付款情况，关注与信用评级相关的事项，定期向客户服务部主管汇报客户的信用状况。如果发现客户的信用状况发生变化，应以口头或电话形式向上级做“紧急报告”，为重新评估、核定客户信用等级提供信息。

5. 及时催收欠款

客户服务人员按企业收账政策的要求，主动与客户联络，提醒或督促客户尽早付款。对未到期账款，在到期前 3 天，用短信、邮件或提供账单，提醒客户关注付款期限；对于逾期一周以内的款项，可通过电话敦促客户付款；逾期一月的账款，则加大电话催收频率；逾期三月的账款则上门催收；超过半年的账款，向客户施加压力，或通过诉讼回收欠款。

二、小组活动安排

（一）活动内容

根据客户信用新的变化，填写“客户信用变化分析表”“客户信用评估申请表”“客户信用限度核定表”等表单，为客户服务经理和业务部门调整信用政策提供依据。

（二）活动要求

按图 3－8 所示的客户资信管理流程的要求完成客户信用信息变化表、客户信用评估申请表和客户信用限度核定表等表格的填写。

（三）活动步骤

（1）任课教师提供关于客户资信发生变化的信息，资料如下：

①锦城皮具厂上年营业规模缩减，年营业额由 8 300 万元降为 4 900 万元，其他情况暂无变化；该客户目前的信用等级为 A 级，得分 71 分。客户信息及公司制定的客户信用评定标准、信用政策等资料如表 3－14 所示。

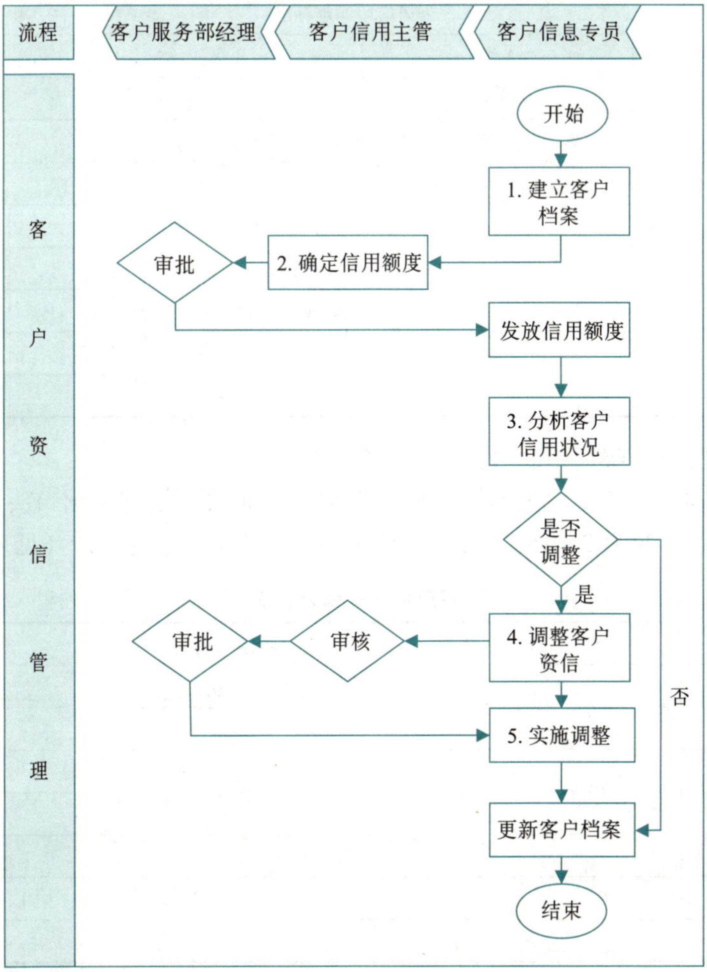

图 3－8　客户资信管理流程

表 3－14　　客户信息及公司信用政策资料表

客户信息				
客户编号	K－P126	客户名称	锦城皮具厂	
客户地址	武汉市东西湖经济开发区 198－G 号		负责人	刘吾
交易信息	1. 以往交易已兑现额：43 万元，占交易总额的 92%			
	2. 最近半年平均交易：20 万元			
	3. 平均票期：30 天			
	4. 收款及票据金额：18 万元			
公司信用政策				
信用政策／信用等级	信用额度（万元）	信用期限（天）	现金折扣	
A 级	30	45	1/10，N/45	
B 级	20	30	1/10，N30	
公司信用评定标准				
	A 级	B 级	C 级	
评分标准	70 分以上	60～70 分	60 分以下	
客户信用等级评定指标及评分标准（营业额部分）				
总体指标	分项指标	评定标准		评分
经营能力（总分 14 分）	年营业额	年营业额在 8 000 万元以上	6	
		年营业额在 5 000 万～8 000 万元	5	
		年营业额在 2 000 万～5 000 万元	4	
	……	……		
……		……		

②公司信用管理 B 级信用的得分标准为 60～70 分。

（2）客户信息专员张军根据客户信用信息记录，向信息主管做出口头报告，并编写客户信用变化分析表（见表 3－15），提出对该客户进行信用评估的申请（见表 3－16）。

表 3－15　　客户信用变化分析表

客户编号		客户名称	
分析项目	变化分析		
资产			
经营状况			
呆账			
银行信贷			
……			
分析总结			

表 3－16　　　　客户信用评估申请表

客户编号						
客户名称						
客户地址						
企业负责人						
交易信息	以往交易已兑现额	最近半年平均交易	平均票期	收款及票据金额	原信用政策	新申请信用政策
申请人承诺： 上述信息准确无误 申请人： ____年____月____日						
客户服务部意见	□符合要求，同意受理　□不符合要求，不予受理 客户服务部经理： ____年____月____日					

（3）客户服务部经理审核后，会同相关部门重新评定该客户信用等级。根据公司对 B 级信用客户的信用政策，客户信息专员张军向客户和企业相关部门下发“客户信用限度核定表”（见表 3－17）。

表 3－17　　　　客户信用限度核定表

客户编号			客户名称			
客户地址			企业负责人			
交易信息	以往交易已兑现额	最近半年平均交易	平均票期	收款及票据金额	原信用政策	新申请信用政策
			主办信用			
			业务主任			
			区经理			
			总公司			
			生效日期			

（4）客户信息专员对该客户重新挂牌（该客户信用调查资料存档工作略去）。

任务评价

一、小组活动评价标准

组长负责评价每个组员的工作过程，量化评价标准，总分值为 30 分（见表 3－18）。

（1）态度：用心完成活动任务，并找到自己的疑惑，提出问题；积极参与小组讨论，大胆阐明自己的观点。

（2）互助与合作：帮助组内其他成员解决问题，与小组成员一起分享资源、观点，分担任务和责任。

（3）倾听：认真倾听他人的观点，并能针对其他成员的观点提出自己的观点与见解。

（4）展示与效果：各小组派代表发言，全面、准确汇报小组共同的学习成果。

表 3－18　小组成员评价表

小组名称：＿＿＿＿＿＿　　组长：＿＿＿＿＿＿

小组成员	态度（5 分）	互助与合作（10 分）	倾听（5 分）	展示与效果（10 分）

二、教师评价标准

教师负责评价每组的任务完成情况，量化评价标准，对工作结果进行评价。总分值最高为 70 分（见表 3－19）。

表 3－19　小组学习评价指标

序号	评价指标	分值（分）
1	能在规定时间内小组合作完成工作任务，顺利展示。工作细致，表单填写完整，流程顺畅，表述清晰	60～70
2	能在规定时间内完成工作任务，能做展示。表单完整，语言表达一般	50～59
3	在教师或其他组的帮助下完成工作任务，有展示	40～49

三、教师点评

教师对各组活动进行点评、打分，每个学生最后得分为组内成员评价分值加上所在小组分值。

拓展提升

客户信用评估

一、客户信用评估要素

客户信用评估是通过收集客户信息资源，对客户的信用状况进行分析，评定等级的工作。企业内部的客户信用评估主要由客户服务部、财务部、销售部和市场部等部门协作完成，评估内容涉及客户品质、资本、能力、条件和抵押品等方面，具体项目如表 3－20 所示。

表 3－20　客户信用评估要素

评估内容	说　明	评估主要事项和指标
品质	反映企业对待债务态度，是否有拖欠债务的习惯	整体印象，行业地位，负责人品德，合作诚意，诉讼记录以及信用履约率等
资本	指企业所有者权益，是客户偿债的保障	注册资本，公积金数额，所有者权益总额
能力	指客户营运能力、盈利能力和偿债能力	营业额及其增长率，净利润及利润率，资产负债率，流动比率，速动比率等
条件	指客户所处的环境	经济发展状况、国家政策调整以及市场竞争对客户的影响
抵押品	控制信用风险、降低坏账损失的保证	债务担保，抵押动产或不动产的状况

二、客户信用评估财务指标

1. 信用履约率

（1）信用履约率的公式。

信用履约率＝累计偿还到期信用额÷累计到期信用额×100%

（2）按期履约率的公式。

按期履约率＝累计按期偿还到期信用额÷累计到期信用额×100%

2. 偿债能力

（1）应收账款的相关计算公式。

应收账款周转天数＝平均应收账款×360÷销售收入

平均应收账款＝（期初应收账款余额＋期末应收账款余额）÷2

（2）流动比率。

流动比率＝流动资产÷流动负债×100%

（3）速动比率。

速动比率＝速动资产÷流动负债×100%

（4）资产负债率。

资产负债率＝负债总额÷资产总额×100%

3. 经营能力

（1）注册资本。

（2）年营业额。

（3）营业额增长率。

营业额增长率＝（本期营业额－上期营业额）÷上期营业额×100%

4. 盈利能力

（1）销售毛利率。

销售毛利率＝销售毛利÷销售额×100%

销售毛利＝销售额－销售成本

（2）销售净利率。

销售净利率＝销售净利润÷销售额×100%

巩固提高

一、填空题

1. 从价值管理的角度，客户可分为________、________和________三个层级。

2. 按客户生命周期阶段分，可以分为__________、__________、__________、__________、__________以及衰退期客户。

3. 对A类客户的管理以__________为目标，提升其带来的价值，从而保证企业的持续发展。

4. 对客户实行分类管理，为不同的客户提供不同的__________、__________和不同的__________，是差异化营销管理的需求。

二、判断题

1. 经济型客户关注价格，追求便宜；道德型客户重视品牌，主动光顾社会责任感强的企业；个性化客户追求个性化特征，喜欢与众不同；便利型客户注重方便，愿意为个性化买单。（　　）

2. 从价值管理的角度对客户进行分类，能发现不同客户对企业贡献的差异，帮助企业抓住重点客户，并确保对重点客户的服务。（　　）

3. 普通客户数量不多，但为企业提供了80%左右的利润。（　　）

4. 企业与客户间合作关系的发展如同产品的生命周期，对处在接触期的客户，企业应注重客户调查、企业宣传；对处在开发期的客户，企业应做好客户咨询，充分展示企业优势。（　　）

5. 在A类客户的管理策略中，要优先处理A类客户的投诉。（　　）

三、单项选择题

1. 普通客户是需要企业去培育、发展，有提升潜力的客户，这类客户数量约占企业全部客户的（　　），并且提供了相近比例的利润。

A. 1%　　B. 15%

C. 30%　　D. 80%

2. 王女士喜欢去××名牌眼镜店消费，认为该店能够给自己带来愉悦和轻松的心情，很符合自己的品位和风格，请问她属于（　　）。

A. 理智型客户　　B. 惯性型忠诚客户

C. 感情型忠诚客户　　D. 不满意型客户

3. （　　）是信誉和前景被非常看好的企业，一般指政府部门、官方机构和即使破产也不会拖欠债务的客户，这类客户数量不多。

A. 无风险级别　　B. 平均风险级别

C. 低风险级别　　　　D. 高风险级别

4. 客户生命周期中，客户价值最大的时期是（　　）。

A. 潜在获取期　　　　B. 客户成长期

C. 客户成熟期　　　　D. 客户衰退期

5. 在 ABC 客户分层管理策略中，要果断淘汰（　　）。

A. 重点客户　　　　B. 低贡献客户

C. 增长型客户　　　　D. 劣质客户

四、多项选择题

1. 从客户追求的利益角度分，客户可以分为（　　）。

A. 经济型客户　　　　B. 道德型客户

C. 个性化客户　　　　D. 便利型客户

2. 客户 ABC 分层管理中，B 类客户可分为（　　）。

A. 有提升潜力的增长型客户　　　　B. 没有提升潜力的低贡献客户

C. 重点客户　　　　D. 劣质客户

3. 大客户是企业生存和发展的命脉，能够为企业带来长期利润。企业认定的大客户的特征有（　　）。

A. 具有先进的经营理念　　　　B. 具有良好的财务信誉

C. 采购活动集中性强　　　　D. 有助于企业实现经营目标

4. 对大客户服务的主要工作方式有（　　）。

A. 上门服务　　　　B. 随叫随到

C. 定期服务　　　　D. 个性化服务

5. 客户的资信程度取决于其资产的盈利能力、变现能力。最基本的客户信用风险级可分为（　　）若干等级。

A. 无风险级别　　　　B. 平均风险级别

C. 低风险级别　　　　D. 高风险级别

五、简答题

1. 简述客户分层的分析内容。

2. 简述客户 ABC 分层的步骤。

六、实操题

实例资料：表 3 - 21 是 20 × × 年长宏物流公司为客户提供物流服务的金额，请根据营业额数据对客户进行 ABC 分类。

表 3-21　　20××年客户营业额数据表　　单位：万元

客户	A	B	C	D	E	F	G	H	I	J
营业额	250	360	140	125	2 650	3 200	90	560	2 850	220
客户	K	L	M	N	O	P	Q	R	S	T
营业额	130	350	430	610	250	530	110	180	330	1 960

七、案例分析题

案例资料：2013 年至 2017 年侵犯商业机密分案件中，被泄露的商业秘密涉及客户名单、技术配方、定价信息、产品方案等多个方面，其中客户名单是被泄露最多的商业秘密种类，占到 44.47%。客户名单的泄露伴随着客户的流失，让企业多面维护客户的心血付诸东流。

2014 年曾经在深圳某文化传播公司任职的黄某，在离职后，违背入职时签署的保密协议，就职于竞争对手公司。并将手中所掌握的客户信息提供给该公司使用，挖走原本在深圳某文化传播公司参加培训的学员，将这些学员带进该公司。

阅读案例，回答问题：

1. 公司的客户信息资料的所有权归属于谁？

2. 黄某在跳槽过程中有哪些不诚信行为，这种行为给公司和其本人带来了什么不良影响？

项目四 接待物流客户　受理订单业务

4

思政目标

坚持文化自信，重视职业形象，依托传统礼仪展现客服良好的精神风貌。

知识目标

1. 熟悉物流客户借贷工作流程和客户服务接待规范。
2. 熟记业务沟通规范用语。
3. 知晓客户拜访方式和类型。
4. 熟练掌握客户拜访礼仪，熟记电话拜访的一般要求。
5. 熟记登门拜访客户的工作步骤。

技能目标

1. 能够独立执行客户接待业务。
2. 能按要求完成订单受理业务。
3. 能够独立完成客户拜访任务。

素养目标

养成用心服务的职业意识，提升与客户的沟通能力。

任务一 接待来访客户

思政案例
冬奥会礼仪志愿者展“中国之美”

任务描述

李维是长海物流公司前台接待员，这天，公司来了一位王先生，自述刚刚在本市开办了一家果品批发商行，想了解长海物流公司的资质和业务运作。李维应将这位来访客户引荐到哪个部门？企业应如何接待这位客人？

任务目标

1. 明确物流企业前台接待工作的内容和工作规范。
2. 知晓客户接待礼仪，并运用礼仪知识接待来访客户。
3. 能使用规范语言与客户沟通。
4. 知晓客户接待工作流程及其工作内容。

任务实施

一、知识准备

（一）客户来访接待工作归属部门

客户来访接待是企业客服部门经常发生的业务，客户来访的目的可能是业务咨询、上门下单，也可能是进行投诉。客户来访首先由前台客服人员接待，待明确客户需求后，由前台工作人员引入相关部门。不同岗位客服人员接待工作的职责分工如表 4－1 所示。

表 4－1　　客户接待职责分工表

岗　位	职　　责
前　台	负责到访客户登记
客户关系专员	实施具体的接待工作
客户关系主管	组织和安排客户接待工作，处理接待过程中发生的突发情况
客户服务经理	制定客户接待工作标准和礼仪要求，并监督执行

（二）客户来访接待工作内容

1. 前台接待工作内容

企业的前台是指负责接待、接纳客户的工作人员和工作环境，是代表公司形象的机构或部门，通常被称为公司的第一张脸。前台人员的工作在公司的整个业务运行中居重要地位，他们在接待客户的过程中传递着公司的企业文化，树立公司的形象。物流企业的前台发挥接待和引导职能作用，担负着迎接客户、解答咨询、业务查询等工作，具体内容如图 4－1 所示。

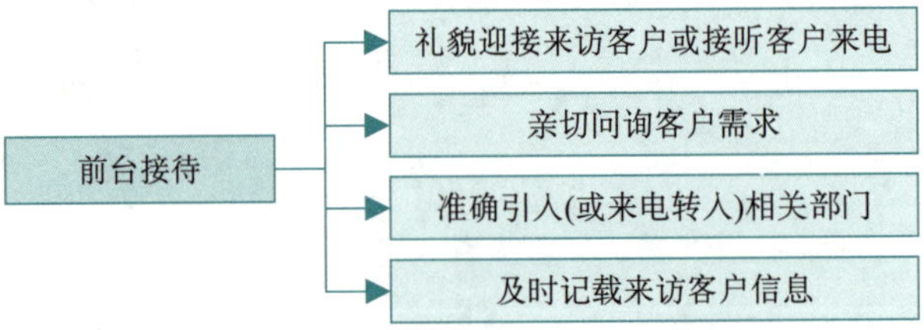

图 4－1　物流企业前台工作内容示意

2. 部门接待工作流程与内容

（1）部门接待工作流程。前台客服人员根据客户来访目的将客户分别引入不同的部门，前来咨询和投诉的客户被引入企业客服部，登门下单的客户会被引入企业营运部。不管来访客户的目的如何，各部门都应按工作流程的要求接待客户；物流企业客户接待工作流程如图

4－2 所示。

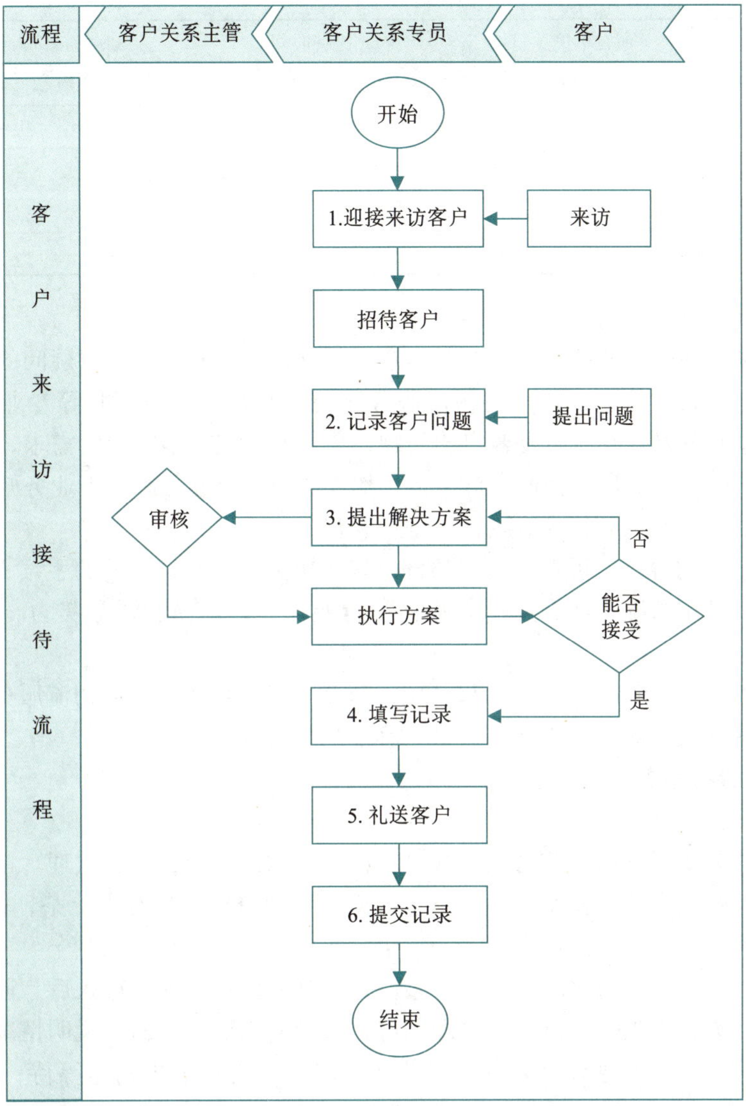

图 4－2　物流企业客户接待工作流程

（2）接待流程的说明。

①将客户礼貌引进接待室，提供待客服务，并登记客户的基本情况。

②询问来访目的，记录客户意见和要求。

③解决客户问题，能答复的要立即答复，不能立即答复的，告知客户具体解决期限，并上报主管。

④填写客户接待记录表（见表 4－2），详细记录客户来访目的、时间、谈话过程、解决问题的方法以及遗留问题的解决期限等内容，并与客户核对、确认联系方式。

⑤对客户的到访表示感谢，礼貌送别客户。

⑥向主管提交接待记录。

表 4－2　　客户接待记录表

编号：__________　　　　填表日期：____年____月____日

客户姓名		所在单位		接待时间		接待人员	
来访目的							
来访要求							
客户要求解决情况	□已解决　□承诺在____天内解决　□需同其他部门沟通后解决 □无法解决　原因__________						
备注							

3. 客户接待人员应掌握的业务信息

客服人员在接待客户过程中直接面对客户的需求，担负着解答客户疑问的职责，因而他们必须熟悉企业的服务信息，知晓与物流服务相关的政策、营销策略等专业知识。只有这样，客服人员才能游刃有余地回复客户的问题，妥善答复或拒绝客户的需求，建立起客户对企业的信任。具体而言，物流企业客户接待工作人员应掌握或熟悉以下业务知识：

（1）物流服务项目及其特点、功能，业务范围；

（2）服务项目的价格、折扣、付款条件、售后服务以及签订合同的手续；

（3）企业的基本状况，如企业创立年份、行业地位、规模、资金实力、科研开发和市场口碑等；

（4）竞争对手的服务特点、价格和价位，与竞争对手相比较企业物流服务的优劣势；

（5）企业客户接待制度，不同等级来访客户的接待标准。

（三）客户接待服务规范

1. 接待服务规范

（1）客户或来访者进门，前台人员起身接待，并致以问候，表示欢迎。

（2）引导客户或来访者就座，递上茶水，送上公司资料；给客人上茶，以八分满为准，并用毛巾擦干杯底。

（3）引导客户进入其他房间，先轻声敲门，听到回应再进入。进入后，回手关门。

（4）介绍双方，如工作人员无法立即回应，则应向来访者致歉，说明情况。

（5）转接客户电话或通知业务专员接待客户时，应提示客户稍作等待；若等待时间过长，应安抚客户。

2. 接待注意事项和技巧

（1）尽量用与客户见面的最初 6 秒钟时间来给客户创造良好的第一印象。

（2）认真倾听来访者的叙述。来访者都是有事而来，因此要尽量让来访者把话说完，并耐心聆听。

（3）对来访客户的意见和观点不要轻率表态，应该思考后作答，对一时不能给出答案的，或者无权作答的，直接请示领导。

（4）正在接待来访客户时，若有电话打来或有新的来访者，应尽量让他人接待，以避免中断正在进行的谈话。

（5）交谈中不要频繁看表，以免来宾生疑，误为“逐客令”。

小贴士

客户接待中的“听、看、问、讲”

听——认真听取客户的阐述，了解和挖掘客户的需求。

看——善于观察客户的表情和动作，揣摩对方的说话意图。

问——针对自己的疑问用合适的问题提问，关注客户的心理。

讲——展现公司实力，打消客户疑虑，促成合作的实现。

3. 客户接待礼仪要求

（1）迎接礼仪。

①提前迎接，恭候客人到来。

②起身握手，主动热情问候。

③礼貌引导，安排客人入座。

④等候上级，提供饮品书报。

小贴士

敬人者，人恒敬之；爱人者，人恒爱之。——孟子

人无礼不立，事无礼不成，国无礼不宁。——荀子

礼貌使有礼貌的人喜悦，也使那些受人以礼貌相待的人们喜悦。——孟德斯鸠

（2）名片礼仪。名片是重要的交际工具。它直接承载着个人信息，并担负着保持联系的重任。要使名片发挥的作用更充分，就必须掌握相关的礼仪，具体内容如图 4－3 所示。

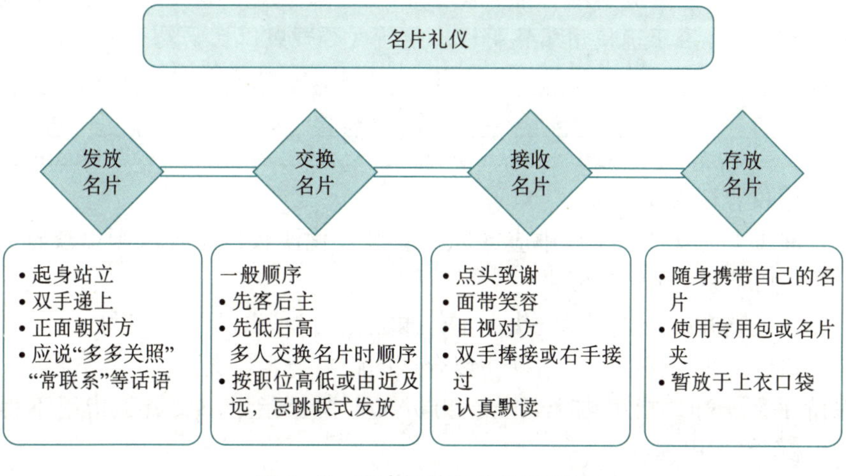

图 4－3　客户接待名片礼仪要求

（3）介绍礼仪。客服人员接待客户，首先应向客户介绍公司，以达到让客户认可企业的发展、赞赏企业的管理、满意企业的技术、在文化上形成共鸣、在情感上感动的目

的。因而企业客服人员在问询客户姓名、需求，或通知部门工作人员接待客户时应遵从礼仪要求，使用规范的语言进行介绍；表 4－3 所示为客户接待中经常使用的专业用语。在介绍公司的业务时，客服人员应明确地告知客户：企业能提供什么，怎么做，切忌口若悬河，夸夸其谈。

表 4－3 客户接待用语

场合	接待用语	场合	接待用语
开场白	您好！欢迎来到（致电）××物流公司 请问有什么可以帮到您的 我姓×，我的工号是××× 请问您有什么需要	尊称对方	请问先生/小姐贵姓 请问是来自××公司的××先生/××小姐吗 ××先生/小姐，您好
结束语	请问您还有什么需要 请慢走，欢迎您再来 谢谢，感谢您的来电	敬称对方公司	请问贵公司的货物要寄往哪里 我再次核对一下贵公司的收件地址，好吗

（4）送客礼仪。古语云“迎人迎三步，送人送七步”，接待工作顺利完成后，后续的送客工作也很重要。

①当客户准备告辞时，一般应致谢，并挽留。绝不可听说客人要走，马上做出送客的动作。

②送客时，应在客人起身后，再起身相送。

③送客至办公室门前、电梯口或公司大门，微笑目送客户离开。对地形不熟悉的来宾，应主动介绍附近的车辆和交通情况。

体验活动

尝试到周边的邮局咨询邮寄服务项目，如包裹的类型、收费、送达时间及特殊要求等，并观察对方是否正确使用服务用语，接待是否规范，回复是否准确且令人接受。

____

____

4. 前台客服仪容仪表要求

（1）前台岗位上的女性，工作中应穿职业套装，化淡妆，涂香水则以淡雅为主，不可过于浓烈；男性则应穿西装，打领带。

（2）保持头发整齐、光泽，勤洗头；不得佩戴款式夸张的首饰、挂饰。

（3）注意口腔卫生，保持口气清新，以合适的距离与客户交谈。

（4）保持手部干净，指甲内无污物。男员工不留长指甲，女员工指甲不得超过指头 2 毫米，不涂抹鲜艳指甲油。

（5）禁止穿拖鞋，穿皮鞋时应穿袜（无花纹丝袜，袜口不外露）。

体验活动

走访某个物流公司，观察该企业客户服务中心前台客服人员穿戴，并了解其工作岗位的特性和工作内容。

二、小组活动安排

（一）活动内容

（1）模拟李维迎接客户的过程，并请客户填写客户来访登记表（见表4－4）。

（2）设计并演示客户关系专员赖伟伟接待客户的过程。

（二）活动要求

（1）设计李维迎接客户和内线通知客户关系专员赖伟伟的场景和过程，要求内容丰富，仿真性强，从语言、表情等方面展现前台工作人员的职业素养。

（2）从见面握手、寒暄、交换名片等环节设计赖伟伟迎客、送客过程，赖伟伟的言谈举止应符合礼仪要求。

（三）活动步骤

1. 分组讨论，设计李维、赖伟伟与来访客户的对话

（1）设计接待场景。

要求：工作台及周围干净、整齐、卫生，有必要的工作用具。

（2）设计李维与来访客户的对话。

要求：①主动问好，面带微笑，语言亲切。

②回答客人问题准确，语速适中，合乎礼仪要求。

（3）模拟李维请客人填写来访登记表，参考格式如表4－4所示。

要求：①有礼貌用语，让客人乐于接受李维的要求。

②有来访登记册，且客人填写方便。

表4－4 客户来访登记表

序号	客户姓名	所在单位	职务	联系方式	来访时间	离开时间	备注
1							
2							

（4）模拟李维用内线电话通知赖伟伟的情景。

（5）设计赖伟伟与来访客户的对话。

要求：①迎客时见面握手有问候，并自我介绍；引入接待室有茶水；坐下交谈前交换名片。

②座谈过程中能礼貌、诚恳处理客户在价格上的异议，不引起客户反感。

③结束谈话时有感谢、核对信息两个重要工作的内容；送客时有握手告别、目送客人工作环节。

2. 分组演示李维、赖伟伟的接待工作。

任务评价

一、小组活动评价标准

组长负责评价每个组员的工作过程，量化评价标准，总分值为30分（见表4－5）。

（1）态度：用心完成活动任务，并找到自己的疑惑，提出问题；积极参与小组讨论，大胆阐明自己的观点；认真参与编排，不依靠他人。

表4－5 小组成员评价表

小组名称：__________ 组长：__________

小组成员	态度（5分）	互助与合作（10分）	倾听（5分）	展示与效果（10分）

（2）互助与合作：帮助组内其他成员解决问题，与小组成员一起分享资源、观点，分担任务和责任。

（3）倾听：认真倾听他人的观点，并能针对其他成员的观点提出自己的观点与见解。

（4）展示与效果：自信、大胆展现设计成果，表演认真不敷衍。

二、教师评价标准

教师负责评价每组的任务完成情况，量化评价标准，对工作结果进行评价。总分值最高为70分（见表4－6）。

表4－6 小组学习评价指标

序号	评价指标	分值（分）
1	能在规定时间内小组合作完成工作任务，顺利进行角色扮演。情境合理、礼仪规范、物流服务理念正确	60～70
2	能在规定时间内完成工作任务，能做展示。情境较为合理，使用礼貌用语	50～59
3	在教师或其他组的帮助下完成工作任务，有展示	40～49

三、教师点评

教师对各组活动进行点评、打分，每个学生最后得分为组内成员评价分值加上所在小组分值。

拓展提升

客户接待策略

俗语道：人上一百，形形色色，客户群体也有着性情千差万别、处事风格迥然各异的特点，在与客户打交道的过程中，客服人员应仔细观察，判断其个性，进而采用不同的交流策略与之沟通。一般来讲，按照心理特征的不同，客户可分为理智稳健型、感情冲动型、活泼开朗型、圆滑世故型、内向冷漠型和顽固刁钻型等类型。

一、理智稳健型

理智稳健型客户理智，行事冷静稳健，工作细心，责任感强；凡事深思熟虑，考虑问题全面，追求完美；不容易被旁人的言辞打动，不轻易或冲动地做决定。

对理智稳健型客户，不适宜采用套近乎、拉关系等方法接近；沟通过程中，客服人员首先应坦诚，准确表达企业服务理念、服务特色，客观展现企业物流服务的优势，不夸大其词；同时在交谈过程中，应洞悉客户的心思，解除客户心中疑虑；切实兑现承诺，以此获得客户理性的支持。

二、感情冲动型

感情冲动型客户开朗、精力旺盛，同时也性情急躁，易受外界怂恿与刺激；做事追求效率，却粗心大意；易感情用事，决策过程过多依赖直觉或心情。

接待感情冲动型客户时，客服人员应言简意赅、单刀直入；注重时效、不拖泥带水；处理问题思路清晰、干净利落；这部分客户行事不喜欢拖沓，排斥烦冗的程序；看似细致周到的言辞或服务，在他们看来是多余的，容易引起其厌烦。

三、活泼开朗型

活泼开朗型客户善于沟通，活泼好动，反应快，善交际；做事缺乏持续性，兴趣容易转移；口才好、幽默，但会情绪化，容易受他人影响；喜欢新鲜事物，但很快厌倦；情感外露，喜怒哀乐都写在脸上。

对活泼开朗型客户，客服人员应多向对方提供企业的服务内容和服务信息，激发对方的兴趣；倾听对方的心声，赞美和附和对方的观点，用惊喜和个性化的服务迎合其个性，以培养其优越感和忠诚度。

四、圆滑世故型

圆滑世故型客户为人精明，处事圆滑，善于比较和挑选；不轻易做决定，内心世界与外在表现不匹配，城府较深。

对圆滑世故型客户，物流客户服务人员要善于洞察其真实意图，用诚恳的态度去倾听，博得对方的好感。对这类客户不正确的观点和表述，不可顶撞或过多地辩解。顺从、示弱能令其产生很强的优越感，从而消除其戒备的心理。

五、内向冷漠型

内向冷漠型客户少言寡语，外表冷漠，内心难以琢磨；与人相处缺乏主动性，自我保护意识强，敏感而自尊心强。

与内向冷漠型客户沟通，要充分理解和尊重他们，用真诚获得他们的信任；在沟通中快速发现这类客户感兴趣的话题，用诚挚和关切打开其心扉；此外，与此类客户打交道，还要学会用幽默调节气氛，用风趣打破坚冰。

六、顽固刁钻型

顽固刁钻型客户为人处世态度傲慢，固执己见；自我防范意识强，有时尖酸刻薄，甚至蛮不讲理。要求苛刻，为获取折扣或合同条款的让步，他们经常挑剔或刁难企业的服务。

对顽固刁钻型客户要弄清其心理动机，是性格使然还是另有所图。如果是性格问题，耐心解答，用真情换取信任和理解，增加会谈时的通融性。如果客户刻意刁难借此提出无理要求，若不危及企业利益又能促成交易，可适当妥协和忍让；若客户的要求有损企业利益，则应冷静地以理拒之。对这类客户，洞察其心理，在早期杜绝其企图并加以引导是上策。

任务二
受理订单业务

任务描述

长海物流公司客户关系专员赖伟伟热情接待了客户果品批发商行老板王先生，客观介绍了公司的资质、规模、业务项目及收费等基本情况，打消了客户的疑虑。原来王先生想通过物流公司将一批价值30万元的果品从武汉送往襄樊某集散中心，为襄樊市内三个商行供货。

此后赖伟伟与王先生就业务做了详细的沟通，赖伟伟询问了哪些信息？他应该如何做？

任务目标

1. 知晓订单受理工作内容。
2. 掌握前台订单业务受理工作规范。
3. 能辨识业务人员用语的规范程度，并能设计更恰当的沟通语言。
4. 按要求完成订单受理业务和查询业务。

任务实施

“小”订单成就“大”未来

一、知识准备

（一）订单受理业务工作

在物流企业，订单是企业生存、盈利的基本保障，因而订单业务格外重要。在订单业务中，订单受理与订单查询业务面向企业客户，通常由物流客户服务部门完成。其中订单受理是订单业务的起点，是物流作业的信息来源。

1. 订单的内容和分类

（1）订单的内容。物流订单的内容和处理方式因企业类型的不同而各异，以快递为主要职能的物流公司的订单，主要涉及收货与送货的作业方式、价格及时间地点等内容；以货运代理为主要职能的物流公司的订单，在内容上除了货物运输的时限、发站、到站、托运人、收货人、品名、运输方式、吨数等事项外，可能还涉及保险、报关等其他服务内容；而综合性物流配送中心的订单处理，涉及拣货、理货、包装、分货、合流等的“配”与按订单要求装车的“送”两个部分，同时还有可能涉及委托采购、流通加工或销售等附加服务项目。总之订单定制的内容往往因物流企业的产品和服务的特性、业务方向和职能的不同而有所不同。

（2）订单的分类。订单是物流作业的命令，它传递着客户对物流企业的要求。客户的订单可能是在企业前台办理的，也可能是通过电话或网络等形式来下达的，因而物流企业的订单按不同标准分可以有多种，具体内容如图 4－4 所示。

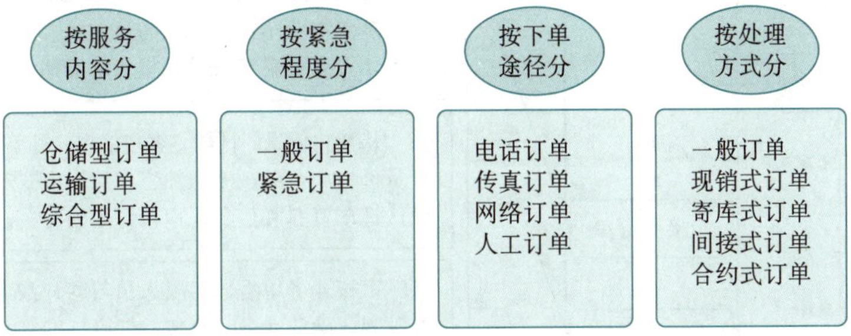

图 4－4　订单分类方法

2. 订单受理业务工作流程

订单受理工作流程是客服人员接受客户订单信息的工作步骤，其内容包括采集客户信息和需求，反馈客户需求实现能力，快速录入客户需求信息，在业务部门之间分解、传递订单信息等。图 4－5 是某物流配送中心客服部前台订单业务受理工作流程图及其步骤说明，它准确地再现了订单受理工作的基本步骤和工作内容。

小贴士

订单处理中的信息互通

订单处理由订单录入、订单传输、订单履行和订单状况报告构成。在作业过程中物流企业应及时向客户提供与订单履行进度相关的信息，包括：

（1）订单执行情况；

（2）订单处理进度；

（3）订单交付的时间和数量；

（4）发运状况。

3. 不同下单方式的订单受理操作

在计算机和网络技术的支撑下，订单处理过程变得简单。客户服务系统帮助企业在更短的时间内完成接受订单、订单信息录入和订单传递受理等工作，甚至同步实现客户电子档案的建设，受理订单工作效率越来越高，操作步骤日益简化。因此在订单受理工作中客服人员的工作重点在于订单信息的获得与订单业务的审核。

尽管客户下达订单的途径有电话、传真、登门和网络等多种方式，但从物流企业订单信息录入的角度来看，可以归纳为两个，即企业客服人员获取纸质或语音信息以及客户自助录入订单信息。企业客服人员获取纸质或语音信息后需录入企业服务系统，而客户直接在企业客户服务系统下单，则省去了信息录入等工作。

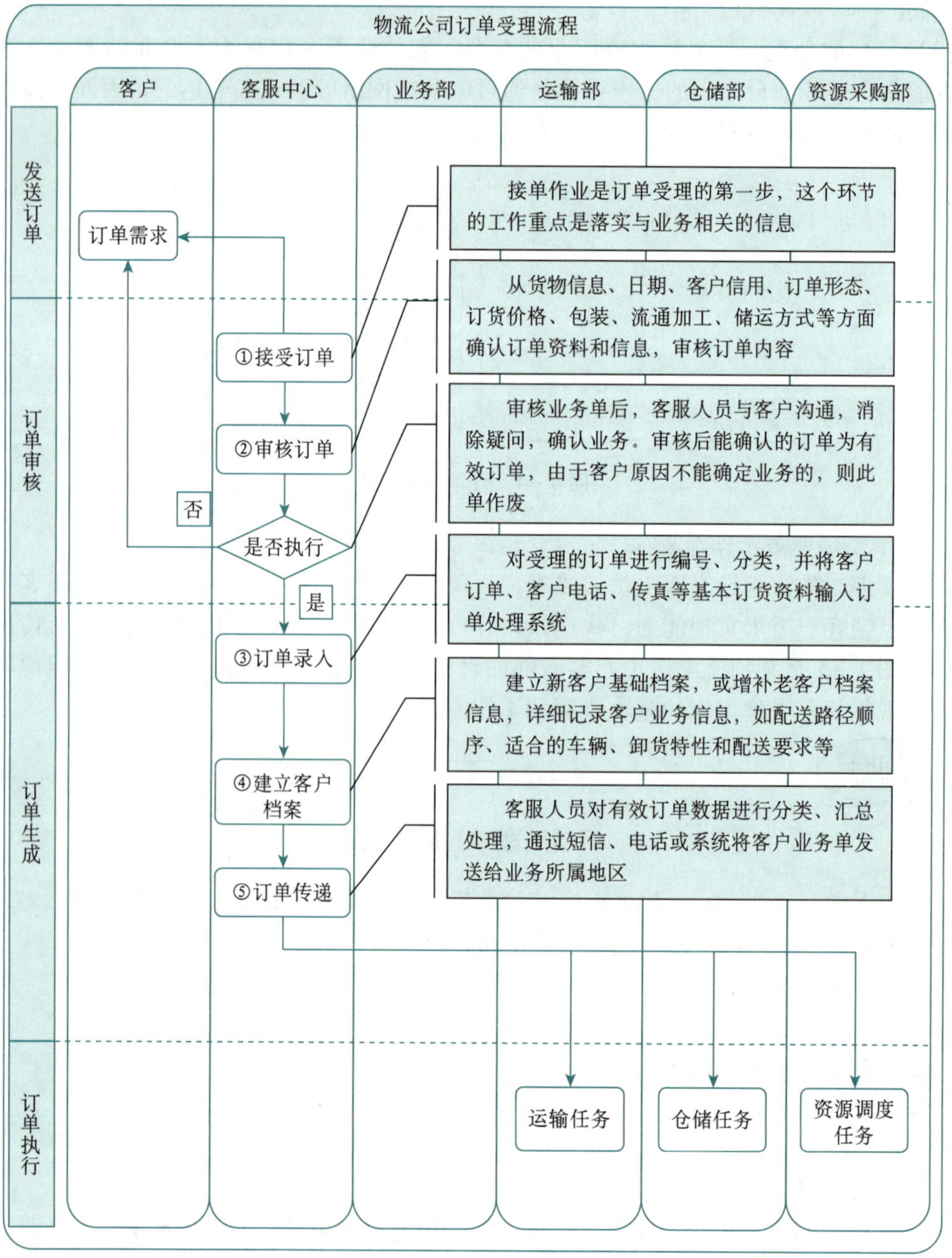

图 4-5　物流公司订单受理基本流程

（1）电话或传真下单业务的处理。

①落实信息。客户电话下单时，接线客服首先应当了解并核实货物属性、目的地、提货地址、提货人及联系电话等信息，并在系统中逐一记录和核实；至此接受订单、审核订单、录入订单以及建立客户基础档案等工作一并完成。

②传递业务单。当确认客户下单后，客服人员在规定的时间内将业务单发送到业务所属区域或传入企业信息系统。

③进一步确认订单并执行业务。业务所属区域工作人员获取订单信息后先行与客户联系，确认业务，并进行业务操作。

（2）网上下单业务的处理。

①客户下单，录入业务数据。客户在公司网站下单时，要求客户填写发货联系人、发货人电话、货物属性（重量、体积）等、提货地址、收货人姓名、收货地址、收货人电话、运费结算方式。客户下单后，客服人员登录客户服务系统转载客户所下订单。

②审核订单。客户下单后，客服人员在规定的时间内审核订单。就快递业务来讲，若客户晚上下单，客服人员应第二天上班第一时间审核并与客户联系；若客户白天下单，客服人员应在客户下单后半小时内审核订单并与客户联系。核单内容涉及：

a. 货物属性。核实货物是否合乎运输要求。

b. 提货地址。是否在提货范围内，是否需要加收提货费。

c. 收货地址。是否在送货范围内，是否需要加收送货费。

检查完后，致电客户核对信息，并就变动项目加以沟通。

③传递业务单。客户在网上下单后，订单信息会直接通过客户服务系统或打印成纸质订单传到相关业务区域。

小贴士

你知道它的含义吗

[140210221] 客户王先生13623033212 配件45 件500 千克2.2 立方米往苏州刘先生0691－25852654 现付。15 点前提。[6681]

这是某物流公司的一条业务传递短信，其构成是：

短信流水号＋发货人名称＋发货人电话＋货物名称＋数量＋重量＋体积＋目的地＋收货人名称＋收货人电话＋付款方式＋提货时间＋客户服务人员工号

体验活动

在宅急送或EMS 网站上注册，体验网上下订单，了解网络订单业务。

____

____

____

4. 订单受理服务规范

（1）熟悉公司产品及业务流程，工作热情，以礼待人。

（2）详细问询和记录客户需求信息，如货品材质、规格、形态、订货重量、交货日期、质量要求、付款方式及其他相关要求等，做好物流订单的受理、初级评审、传达等基础工作。

（3）初次合作的客户或上门下单的客户，需及时记录客户业务员及其公司基本信息，如姓名、地址、通信方式、企业名称、行业类型等，并在信息系统中留档；确认客户所在区域，并告知相关区域业务人员。

（4）重要客户、大客户或特殊订单，前台接单人员不得向客户报价，如有客户问价，请与相关业务专员、主管领导或经理联系。

（5）接单时如遇需要立即回复的问题，在确认后务必向客户或业务人员反馈相关信息。

（6）涉及合同、对账单等重要文件的传输工作，在传真后务必及时电话询问客户是否收到，并提醒其确认盖章后回传。

（7）每日工作结束前，应及时将当日订单上报客服主管及业务部门，下午 4 点半后所接订单作为第二日接单提交。

（8）及时跟踪订单处理情况，遇特殊原因无法及时交货时，需第一时间向客户解释。

（9）认真做好订单存档工作，在规定时间内向主管经理汇报订单及其执行情况。

（10）详细记录其客户投诉内容，及时通报业务专员和相关部门，并跟踪处理进度。

（二）订单查询业务工作

1. 订单查询的内容

（1）运输时效：货物多久可以到达。

（2）到货时间：收货人何时可收到货物。

（3）货物状态：货物处于何地，处在何种状态。

（4）其他查询：与运输或业务有关的其他事项。

2. 电话受理订单查询业务的工作流程

（1）接听电话先问好。

（2）询问客户需求。

（3）提示客户提供用于查询的信息，如订单号、托运人电话、身份证等。

（4）安抚客户安静等待。

（5）告知客户查询结果，或告知回复时间。

（6）询问其他需求。

（7）致谢，结束通话。

3. 订单查询应注意的事项

（1）客户实时查询。接受客户实时查询时，根据客户提出的问题在系统中进行有针对性的查询，能当场回复的尽量当场回复，不能当场回复的，讲清原因，并告知回复时间。

（2）客户的非实时查询。在受理了查询后将结果及时回复客户，回复时间不得超过受理当天。

小贴士

订单查询示例

客服人员：您好，有什么可以帮到您的？

客户王先生：你好！我8月15日发了一票货去深圳，我想知道什么时候可以到？

客服人员：王先生您好！麻烦您将托运单号告诉我，我帮您查一下。

客户王先生：单号是755××××××

客服人员：好的，请稍等……不好意思，让您久等了。您的货现在正在配送过程中，大概在一个小时后会送到。

客户王先生：好的，谢谢！

客服人员：请问您还有问题吗？

客户王先生：没有了！

客服人员：谢谢您的来电，祝您……

（客户挂断电话后，客服人员收线）

体验活动

帮助朋友或家人通过网络或拨打人工客服电话查询网购订单详情，和小组同学讨论得到的反馈。

____

____

____

（三）业务沟通用语

物流客户服务人员的服务用语影响着服务的质量，职业的、专业化语言可提升企业形象，消除客户疑虑。所以客服人员在与客户沟通过程中应本着礼貌为先、用语准确的原则与客户沟通，表4－7是可供物流企业客服人员参考使用的专业用语。

表4－7　订单处理业务参考用语

适用范围	参考用语	适用范围	参考用语
运输服务用语	（1）您好，我们需要对您寄存的货物进行检查，您看可以吗 （2）您的货物包装存在风险，我们将重新包装，您看可以吗 （3）请问您的货物要发到什么地方？发门到门还是门到港 （4）请问您的货物需要几天到？周末是否能接货 （5）您好，此处需要填写货物的具体数量和计量单位，谢谢	仓储服务用语	（1）这是您的货物存单，请您过目，如果没有问题的话请在此处签名确认 （2）您好，这是您的存货单和验收单，请您收好，谢谢 （3）请您跟随这位客服人员移步到收货区验收货物 （4）请问您货物是什么包装，是否还需要专业包装 （5）请问您的货物是否需要上保险？您的货物声明价值是多少

续表

适用范围	参考用语	适用范围	参考用语
业务报价用语	（1）请问运费由哪方支付 （2）请问方便提供货物的重量和外箱的尺寸吗 （3）请问是否需要传真或 E－mail 一份详细的标价表给您 （4）请您稍等，我为您报价：按照您的货物预计重量，预计费用为××元，包括了×××等服务内容，您认为可以吗	订单查询服务用语	（1）请问您的运单号码是多少 （2）您的运单号不存在，请问您能提供托运人的姓名和手机号码吗 （3）请您稍等……您的货物目前正在××分拨中心进行分拣 （4）您好，请提供您的提货通知书

二、小组活动安排

（一）活动内容

（1）编排赖伟伟与王先生的对话，落实省内运输业务的要素，做好订单受理的基础工作。

（2）编写建立该客户档案的工作步骤。

（3）模拟订单查询业务。

（二）活动要求

（1）沟通过程合理，客户关系专员的工作流程、言谈符合要求。

（2）对话内容有助于赖伟伟获取与业务有关的详细信息，方便后续的订单执行。

（3）客户档案的工作步骤符合项目二的要求。

（4）设计、演示电话订单查询业务，并融入电话沟通礼仪知识。

（三）活动步骤

（1）按表 4－8 的提示，讨论与业务有关的信息，并填充表格内容。

表 4－8　　运输业务要素表

项　目	具体内容
货物属性	
包装要求	
时间要求	
目的地	
业务联系人	
提货联系人	
提货地址、时间	
收货人	
市内送货事宜	
费用结算方式	

（2）模拟业务沟通过程。

要求：①对话内容与表 4－8 中的内容密切关联，帮助赖伟伟获得表中的信息。

②对话内容涉及收费，表现客户希望获得低价服务的愿望。

③涉及降价收费的问题，要请出业务主管。

④注重礼仪知识和专业用语的应用。

（3）编写建立该客户档案的工作步骤。

（4）回顾电话礼仪知识，模拟订单查询业务。

任务评价

一、小组活动评价标准

组长负责评价每个组员的工作过程，量化评价标准，总分值为 30 分（见表 4 - 9）。

（1）态度：用心完成活动任务，并找到自己的疑惑，提出问题；积极参与小组讨论，大胆阐明自己的观点；认真参与编排，不依靠他人。

（2）互助与合作：帮助组内其他成员解决问题，与小组成员一起分享资源、观点，分担任务和责任。

（3）倾听：认真倾听他人的观点，并能针对其他成员的交流提出自己的观点与见解。

（4）展示与效果：自信、大胆展现工作成果、表演认真不敷衍。

表 4 - 9　　小组成员评价表

小组名称：＿＿＿＿＿＿　　组长：＿＿＿＿＿＿

小组成员	态度（5 分）	互助与合作（10 分）	倾听（5 分）	展示与效果（10 分）

二、教师评价标准

教师负责评价每组的任务完成情况，量化评价标准，对工作结果进行评价。总分值最高为 70 分（见表 4 - 10）。

表 4 - 10　　小组学习评价指标

序号	评价指标	分值（分）
1	能在规定时间内小组合作完成工作任务，顺利进行角色扮演。情境合理、礼仪规范、物流服务理念正确	60 ~ 70
2	能在规定时间内完成工作任务，能做展示。情境较为合理，使用礼貌用语	50 ~ 59
3	在教师或其他组的帮助下完成工作任务，有展示	40 ~ 49

三、教师点评

教师对各组活动进行点评、打分，每个学生最后得分为组内成员评价分值加上所在小组分值。

拓展提升

订单受理与查询业务工作职责

一、订单业务的工作职责

1. 订单受理专员的基本岗位职责

（1）了解客户需求，介绍公司业务。客服人员通过与客户的沟通，了解客户来访和来电的需求，接受客户的业务咨询，为客户提供报价及更多业务信息，帮助客户选择适合的服务。

（2）录入并确认订单，关注订单异动，及时取消或增订。已经受理的订单，经常会出现客户取消或增补订单等异动情况，前台受理员遇到这类问题时，应立即查询当前订单状态，根据具体情况处理异动；如果物流配送中心拣货前发现缺货或是发货后出现客户拒收，应在差异处理后，及时更改订单信息。

（3）做好业务在部门间的协调，跟进订单处理进度。前台受理员有义务在订单受理后提醒和督促相关部门或员工尽快完成订单处理工作；若发现问题，应立刻告知客户，并及时帮助处理。

（4）增补客户信息，完善客户管理基础数据。如果是老客户，则直接在系统中新增订单；如果是新客户，则还需要将新客户信息增加在客户管理模块中，以便进行下一步的客户档案的建立和客户管理。

2. 订单查询专员的基本岗位职责

（1）熟练掌握公司业务知识，对订单处理流程及其订单查询工作程序烂熟于心。

（2）及时回复客户的查询，并告知查询结果；涉及投诉内容，转交投诉专员处理，并做好交接记录。

（3）完整、及时、真实、准确地记录查询信息，以及客户在查询中提出的各类问题；准确并准时将客户的查询业务录入 CRM 系统。

（4）一票负责到底，独立处理订单的查询回复与工作，不互相推诿。

（5）对查询出现的典型案例进行汇总并上交。

二、订单受理与查询工作技巧

（1）为客户当好参谋。听取客户意见，帮助分析客户情况，找出问题；从客户角度考虑为其提供服务建议，协助下单。

（2）快速分辨客户重要性。面对不同层级客户，如潜在客户、A 类客户、B 类客户、C 类客户应快速调整服务重点，做好分层服务。

（3）快速辨别订单的轻重缓急。

（4）注意细节，有条不紊，做好与相关单位的沟通协调；根据具体情况优化订单流程，缩短订单处理时间。

任务三
拜访物流客户

任务描述

一周前长海物流公司承接了水果商王先生的送货业务，按公司惯例，长海公司客服专员赖伟伟需要在近期内对该客户进行一次登门拜访。拜访前赖伟伟应做哪些准备工作呢？拜访结束后，他又该做哪些后续工作呢？

任务目标

1. 熟悉登门拜访客户的工作流程。
2. 掌握客户拜访礼仪，并能运用礼仪知识拜访客户。
3. 会填写拜访客户拜访记录表。
4. 掌握电话拜访用语，并能灵活运用。

任务实施

一、知识准备

客户拜访是指企业为了收集客户信息，发现客户需求、促进客户参与、改善与客户关系而进行的客户访问活动。客户拜访是企业最基础、最日常的工作，市场调查需要拜访客户、新品推广需要拜访客户、销售促进需要拜访客户、客情维护还是需要拜访客户。实时的客户拜访工作能帮助企业获得客户的认同，创造客户价值。

小案例

中国台湾经营之神：王永庆的拜访之道

被誉为中国台湾“经营之神”的中国台湾著名企业家、台塑集团创办人王永庆的经营生涯起源于1933年的小米店。米店经营之初很不顺利，因为城里的居民不熟悉他的米店。针对这种情况，时年16岁的王永庆采用了客户拜访的推广方法，逐户地推介他的米。拜访中王永庆注意自己的仪容仪表、言谈举止，力争用良好的形象、诚恳的态度打动被访者。同时王永庆还注意收集客户米的食用量和库存量，在顾客需要购米时，主动把米送到顾客家中，并把缸里的陈米掏出来，放置在新米的上面。正是这种有效的客户拜访和细致入微的贴心服务，让王永庆的米店营业额远远超过了同行。

（一）拜访客户的方式和类型

拜访客户有电话访问、电子邮件访问、网络在线访问及当面登门拜访等不同形式，实际的操作中，电话拜访结合登门拜访是最有效的拜访方式。从客户拜访需要解决的问题来看，客户拜访主要有以下四种类型，具体内容如图 4－6 所示。

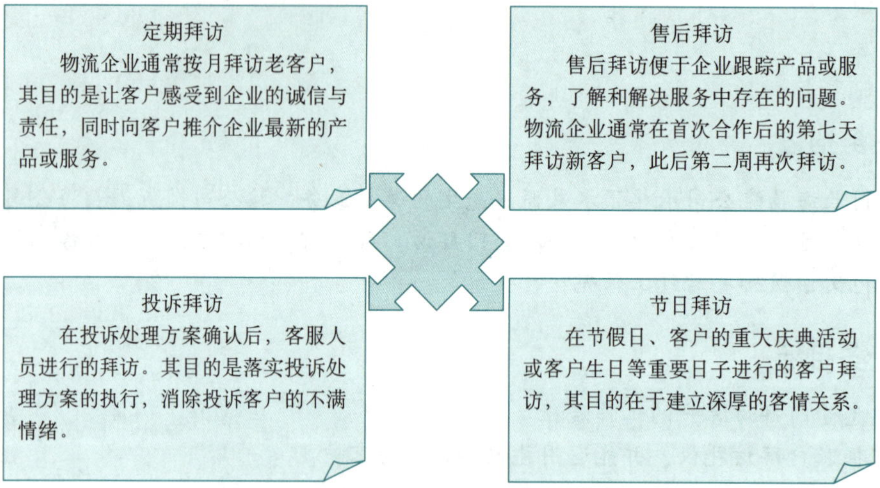

图 4－6　客户拜访类型

（二）登门拜访工作步骤

登门拜访是一种面对面的访问，同时也是成本最高、难度最大的拜访活动。客服人员在登门拜访前应做好准备工作，确保拜访工作有计划、有步骤推进，做到有的放矢。登门拜访物流客户的步骤如图 4－7 所示。

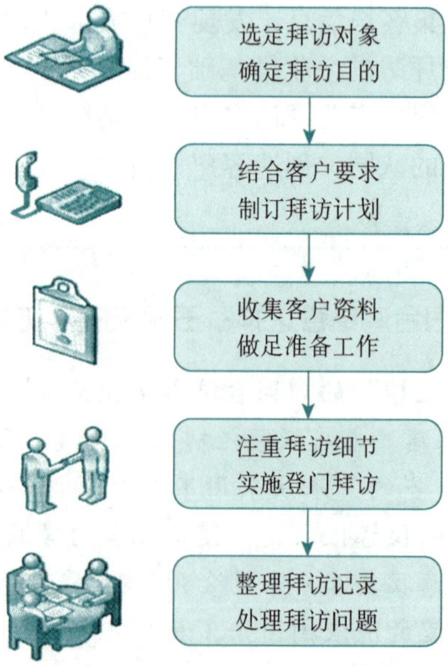

图 4－7　登门拜访客户的步骤

1. 选定拜访对象，确定拜访目的

客户服务人员根据公司客户资料库和客户拜访的相关规定，确定客户拜访名单和拜访的具体目的。拜访对象既可以是已经达成交易的客户，也可能是潜在客户。

（1）对已经达成交易的客户进行拜访的目的。

①动态管理客户资料，及时更新客户信息。

②帮助客户解决物流中遇到的问题。

③了解客户要求和建议，以及对物流服务的满意度。

④向客户提供个性化服务。

（2）对潜在客户拜访的目的。

①了解客户需求，推介物流服务。

②收集客户资料，调查客户价值。

体验活动

长海物流公司通常会在初次合作后的第七天安排客服人员上门拜访，你知道这次拜访的目的吗？

____

____

____

2. 结合客户要求，制订拜访计划

客户服务人员根据客户资料制订客户拜访计划，确定客户拜访的时间、地点、拜访内容和目标效果等内容。客户拜访计划的格式如表 4－11 所示。

表 4－11　客户拜访计划表

序号	拜访客户	拜访目的	拜访地点	拜访时间	受访人员	联系电话	备注

（1）约定拜访时间。确定拜访时间要考虑客户的作息时间和规律，客户的情绪状态，尽可能避免客户情绪不佳时登门。

（2）选择拜访地点。选择拜访地点，应以方便客户为原则。拜访地点可以选在办公场所，也可以设在公共娱乐、休闲场所。如果在办公室访问，应提前联系，准备好通行文书和资料，如邀请函或引见信等，并遵守场所规定。如果物流服务对象是个人或家庭，约见地点也可定在对方居住地，但必须是客户邀请上门或有第三方介绍陪同。

（3）确定拜访内容。拜访内容依据拜访目的而定，如果是为了提高物流服务质量，拜访内容则应确定为客户满意情况的调查，询问内容涉及物流服务员工服务态度、专业知识技能和公司服务管理等方面；如果是为了处理客户异议，拜访的内容则确定为了解客户的意见和建议，提出解决的方案。

小贴士

拜访客户 5W1H

拜访客户是接近客户和维护客户关系的好方法，其要点涉及客户及其受访人员（Who）、拜访目的（Why）、访谈事件（What）、拜访时间（When）和拜访地点（Where），以及如何做（How）等方面，即5W1H。

3. 收集客户资料，做足准备工作

（1）仪表准备。“仪表决定着第一印象”，客服人员拜访客户时着装应得体，不可过于休闲或随意。公司制服是不错的选择，可向客户展示企业的品牌形象，让客户感受到公司特有的企业文化。

（2）资料准备。拜访前，客服人员应根据客户拜访工作计划的安排熟悉客户的相关信息，收集有用的拜访资料和记录。如客户名称、等级、负责人，服务记录、特殊需求等企业信息，以及接受拜访者的姓名、职位，性格、教育背景、兴趣爱好等个人信息。

（3）工具准备。客户拜访前应准备的工具涉及基础工具、推广工具和售后工具等内容，如物流产品（或服务）说明书、企业宣传资料、名片、计算器、笔记本、钢笔、价格表、宣传品、售后服务咨询手册等。

4. 注重拜访细节，实施登门拜访

（1）问候客户。对于首次拜访，客服人员应主动送上名片。

（2）介绍来访意图。

（3）填写“客户拜访记录表”（见表4－12），确认客户需求。

（4）对客户提出的需求或发现的问题提出解决办法，并提供现场指导；对于不能现场解决的问题，向客户说明后承诺解决时间。

（5）对于客户的异议，应查明原因，并详细记录。

（6）拜访结束时，请客户签字确认记录内容。

（7）向客户赠送礼品，感谢客户接受拜访。

5. 整理拜访记录，处理拜访问题

（1）编写拜访报告。拜访工作结束后，客服人员应根据“客户拜访记录表”（见表4－12）内容编写“客户拜访报告表”，其格式和内容如表4－13 所示。并将客户拜访记录、拜访报告等相关资料提交客户关系主管，由客户关系主管负责汇总客户需求及拜访现场无法解决的问题。

表 4－12　　　　　　　　**客户拜访记录表**

<table>
<tr><td>客户名称</td><td colspan="2"></td><td colspan="2">地址</td><td colspan="2"></td><td>邮编</td><td></td></tr>
<tr><td>受访人</td><td colspan="2"></td><td colspan="2">电话</td><td colspan="2"></td><td>传真</td><td></td></tr>
<tr><td>职务</td><td colspan="2"></td><td colspan="2">E－mail</td><td colspan="2"></td><td>类别</td><td>□使用人员
□管理人员</td></tr>
<tr><td>拜访方式</td><td colspan="8">□首次电话访问　□常规电话访问　□当面访问　□其他__________</td></tr>
<tr><td>拜访时间</td><td colspan="3">年　月　日</td><td colspan="3">物流项目合作时间</td><td colspan="2">年　月　日</td></tr>
<tr><td>拜访内容</td><td colspan="8">□1. 物流服务情况　□2. 问题反馈　□3. 公司服务响应情况
□4. 人员变动情况　□5. 其他需求__________________</td></tr>
<tr><td>拜访目的</td><td colspan="8"></td></tr>
<tr><td>拜访过程</td><td colspan="8"></td></tr>
<tr><td>处理方式及结果</td><td colspan="8">电话或现场答复记录：</td></tr>
<tr><td>遗留问题处理跟踪</td><td colspan="8">遗留问题：
提交日期：　　　　　　受理部门：
解决结果跟踪：</td></tr>
<tr><td>客户意见</td><td colspan="8">（现场访问需填写）
客户确认（盖章）：　　　　日期：</td></tr>
<tr><td>访问记录人员</td><td></td><td>填写日期</td><td colspan="2"></td><td>主管领导审批</td><td></td><td>日期</td><td></td></tr>
</table>

表 4－13 客户拜访报告表

填表时间：____年____月____日

拜访时间		拜访人员		拜访对象	
拜访目的		拜访形式		拜访结果	
拜访内容					
客户意见	对服务的期望				
	对服务的评价				
	客户其他需求				
改善服务的对策					
拜访中遇到的问题					
备注					
主管领导审核意见					

（2）部门主管领导审阅。客户关系主管对“客户拜访记录表”“客户拜访报告表”进行审核，提出指导意见。对于未能解决的问题，提出解决方案，经客户服务部经理批准后组织实施。

6. 保存资料

客服人员对客户拜访资料进行汇总，并分类保存，以备参考。

（三）电话拜访业务

1. 电话拜访的一般要求

（1）访问频率。重要客户以周为时间单位进行访问，一般客户以月为时间单位进行访问。

（2）访问次数。一般情况下，至少每半年电话访问客户一次。

（3）访问时间。通常每次电话访问时间应控制在 20 分钟以内，特殊情况下可根据客户需求适当调整。

（4）访问礼仪。按时致电，语调积极，礼貌用语。

体验活动

在老师的带领下，到一家企业进行学习访问，思考访问前、访问中和访问后应该做好的工作。

____

____

2. 电话拜访常用语言

（1）征询对方是否方便接听电话。

①您好！我是××公司客服专员，请问您是××先生/小姐吗？

②您近期在我公司办理了××业务，我想针对这次合作做个拜访。请问您现在方便接电话吗？

a. 方便——好的，耽搁您 2 分钟时间！

b. 不方便——好的，那请问什么时候最适合打给您呢？（记下时间）不好意思打扰您了，谢谢您，祝您生活愉快！

（2）询问对方对服务的感受。

①请问您认为我公司承担的物流业务是否达到您的预期目标？

②请问您对本公司的服务满意吗？

③请问您对我公司的物流业务处理流程及安排是否满意？

④请问您对上次投诉处理的结果满意吗？

（3）了解对方需求。

①请问贵公司是否还有其他的物流业务需求？

②请问您希望我公司在哪些方面得到改进？

（4）结束用语。

①如果您有不清楚的地方可以随时来电咨询，我们恭候您的来电！

②如您有其他意见或建议可以反馈给我们，以便我们更好地为您服务。

③您的建议很重要，我已记录下来，我们会及时转给相关部门，感谢您的支持！我们将尽快与您联系。

④谢谢您的配合，祝您生活愉快！

⑤节日即将临近，我代表公司向您以及家人送上最诚挚的祝福，愿您度过一个愉快的假期。

3. 电话拜访注意事项及技巧

（1）用电话拜访客户，选择合适的拜访时间。

小贴士

应避开的电话拜访时间

（1）早 8:30 之前，此时被访问者通常在路上或者刚刚开始上班，不适宜访问。

（2）中午 12:00～13:00，此时为午饭和午休时间，在南方城市可能会延后。

（3）晚 6:00 之后，此时被访问者通常在回家路上或者已经在家中。

（4）避免在周末进行电话访问。

（5）与境外客户通话，应注意时差。

（2）尽量以公司统一客服电话及固定电话呼出，以取得客户较高的信任度。

（3）问候对方后，首先向客户说明事由、谈话时间，打消客户顾虑。

（4）通话中目的明确、总结切实、贴近客户、语言简洁，不引起客户反感。

（5）快速记录，发现客户问题，及时解决。

（四）客户拜访礼仪

客户拜访礼仪规范至关重要，客户拜访中忽视礼仪、失礼于人，必将有损公司及个人的形象，导致拜访目标落空。客服人员在客户拜访中应注意的礼仪内容如图 4－8 所示。

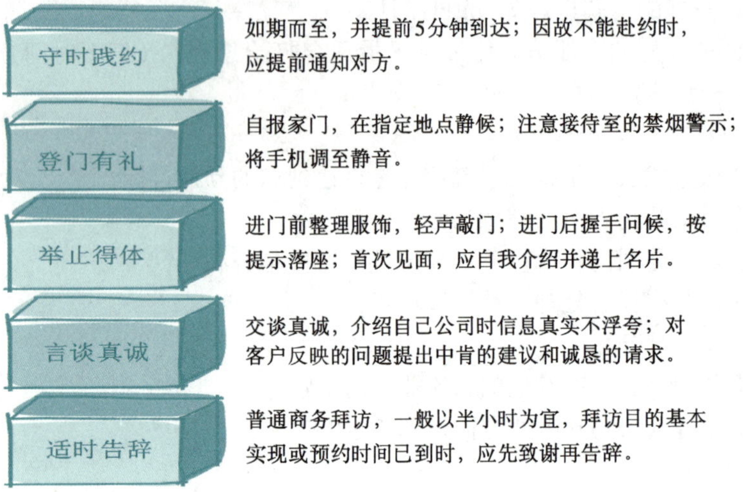

图4－8　客户拜访礼仪要求

体验活动

请两名同学模拟客户拜访过程（登门拜访或电话拜访），注意拜访礼仪。

____

____

____

二、小组活动安排

（一）活动内容

（1）帮助赖伟伟做好拜访前准备工作。

（2）模拟赖伟伟拜访客户情境。

（3）填写各种拜访客户用表。

（二）活动要求

（1）模拟拜访过程符合工作流程和礼仪规范的要求，使用规范的礼貌用语。

（2）合理设计双方对话，正确使用物流专业术语。

（三）活动步骤

（1）小组做好拜访准备。

提示：①制订拜访计划，明确拜访目的，确定具体的拜访时间、地点。

②准备资料及工具，明确赖伟伟需要携带的资料。

（2）编排赖伟伟拜访客户对话，并进行情境模拟。

（3）根据模拟情境填写简略的客户回访记录表，格式如表4－14所示。

表 4－14　　客户回访记录表

<table>
<tr><td>拜访时间</td><td></td><td>拜访客户</td><td></td><td>拜访人员</td><td></td></tr>
<tr><td>拜访要点</td><td colspan="5"></td></tr>
<tr><td>满意度</td><td colspan="5">□满意　□较满意　□一般　□不太满意　□不满意</td></tr>
<tr><td rowspan="2">询问记录</td><td colspan="2">客户意见和要求</td><td colspan="2">对策与建议</td><td>备注</td></tr>
<tr><td colspan="2"></td><td colspan="2"></td><td></td></tr>
<tr><td rowspan="2">客户签字</td><td colspan="2" rowspan="2"></td><td>主管领导意见</td><td colspan="2"></td></tr>
<tr><td>审核日期</td><td colspan="2"></td></tr>
</table>

任务评价

一、小组活动评价标准

组长负责评价每个组员的工作过程，量化评价标准，总分值为 30 分（见表 4－15）。

（1）态度：用心完成活动任务，并找到自己的疑惑，提出问题；积极参与小组讨论，大胆阐明自己的观点；认真参与编排，不依靠他人。

（2）互助与合作：帮助组内其他成员解决问题，与小组成员一起分享资源、观点，分担任务和责任。

（3）倾听：认真倾听他人的观点，并能针对其他成员的观点提出自己的观点与见解。

（4）展示与效果：角色扮演比赛并展示小组设计和填写的表格，选出最佳客服专员。

表 4－15　　小组成员评价表

小组名称：__________　　　　组长：__________

小组成员	态度（5 分）	互助与合作（10 分）	倾听（5 分）	展示与效果（10 分）

二、教师评价标准

教师负责评价每组的任务完成情况，量化评价标准，对工作结果进行评价。总分值最高为 70 分（见表 4－16）。

表 4－16 小组学习评价指标

序号	评价指标	分值（分）
1	能在规定时间内小组合作完成工作任务，顺利进行角色扮演。情境合理、礼仪规范，执行物流客户服务理念	60～70
2	能在规定时间内完成工作任务，能做展示。情境较为合理，使用一定的礼貌用语	50～59
3	在教师或其他组的帮助下完成工作任务，有展示	40～49

三、教师点评

教师对各组活动进行点评、打分，每个学生最后得分为组内成员评价分值加上所在小组分值。

拓展提升

客户沟通技巧

一、面对面沟通行为举止模型

客服人员与客户面对面沟通，其行为全然暴露在客户的视线之中，细小的不周之处都会引起客户的猜疑和反感，因而客服人员与客户面对面沟通时应注意细节，使用合乎礼仪的肢体语言，传递企业对客户的关注。面对面沟通行为举止模型具体内容如表 4－17 所示。

表 4－17 面对面沟通行为举止模型

事项＼内容	适宜的行为	忌讳的行为
姿势	优雅得体，传递，表达企业对客户问题的重视	双手抱胸、前俯后仰等拒绝性和漫不经心的姿势；甩手等不耐烦的动作
手势	手势与语言内容相得益彰，合乎规范	粗鲁、夸张的摆手动作
语调	语速适中，节奏平稳，充满热情	语速过快或过慢，语音散漫；语调高亢、刺耳，忽视客户感受
表情	保持微笑；必要时传递对客户遭遇的关心和同情	表情冷漠、僵硬，或者流露出对客户的厌恶和不屑
目光	停留在对方面部上三角，时间适中；适当与客户对视	目光游离，或者死盯客户眼睛
距离	与客户保持 1 米左右的距离，或根据客户听力适度调整	与客户距离太远或太近，令客户不适

二、电话沟通技巧

电话沟通虽然不见其人，但客户可通过声音感受到客服人员的工作状态，因此用声音塑造形象、用富有感染力的语音语调传递服务热情就显得格外重要。表 4－18 是客服人员在与客户进行电话沟通时应注意使用的沟通技巧，它从语音语调、气氛调节、坐姿等方面对客服人员的行为提出了基本的要求。

表 4－18　　客服人员电话沟通技巧

内容 事项	适宜的行为	忌讳的行为
语音和语速	适当停顿，用声音传递关怀	语速无停顿，客户无法思考 声音无感染力，冷冰冰 语速过快，有不耐烦嫌疑
倾听	注意倾听，不打断客户的表述	用附和假装倾听 根据需要选择性倾听 机械式倾听
气氛	营造轻松气氛，与客户建立融洽关系	吝啬赞美语言 不善于表达同理心 少用礼貌用语
提问	保持兴趣，巧妙提问 封闭式和开放式问题有效结合	不注意节奏，提问过于直接 沟通缺乏逻辑性
坐姿	端正的坐姿，全神贯注接听电话	将话筒夹在肩上，边接听电话边做其他事情
转接	帮助客户转接电话，并使用礼貌用语	让客户自行查找电话号码 匆忙挂断电话，忽略客户感受

巩固提高

一、填空题

1. 物流企业的前台发挥______和______职能作用，担负着迎接客户、解答咨询、业务查询等工作。

2. 客户拜访工作结束后，客服人员应根据“客户拜访记录表”内容编写______________。

3. 按订单的处理方式分，订单可以分为一般订单、现销式订单、合约式订单、间接订单和__________。

二、单项选择题

1. 客户：您好，我要发一批药品，你们上门取货吗？(　　)

客服：______

A. 我们不上门的
B. 请问您在哪儿取货，我帮您查看一下
C. 可以，到哪儿取货啊
D. 我也不太清楚，你问问别的客服

2. 客户说：我有三车煤炭应该这两天到货，帮我查看一下，怎么还没通知我接货？（　　）

客服：______

A. 您好，请别急，我马上为您查看，请问运单号码是多少？
B. 哪天发的货？运单号码给我
C. 你只能等到货通知了，我这里很忙，没时间查
D. 您好，对不起，这个我们查不到

3. 客户：你们的仓库是怎么收费的？（　　）

客服：______

A. 您好，这份表格是我们公司仓库收费标准，请您过目
B. 这个要看具体情况，我一下子也说不清楚。你自己看一下吧
C. 我们的收费很合理，一定给您提供满意的服务
D. 您好，咨询专员不在这里，您等一下再来问吧

4. 客户：你们的出库手续太烦琐，应该简化一下。（　　）

客服：______

A. 谢谢您的建议，但是我们公司的制度是不可以改的
B. 您的建议很重要，我已记录下来，感谢您的支持！我们将尽快与您联系
C. 是呀，我也是这么想的，程序很复杂
D. 这个我们也没办法，这是仓储部门的事情

三、多项选择题

1. 关于接待客户，以下叙述正确的是（　　）。
A. 尽量用与客户见面的最初6秒钟时间来给客户创造良好的第一印象
B. 对于来访者提出的问题，都要立刻回复和表态，不能让对方等
C. 正在接待来访客户时，有电话打来或有新的来访者，应尽量让他人接待，以避免中断正在进行的谈话
D. 接待客户，不需要做记录，这样不礼貌

2. 关于前台客服，以下表述正确的是（　　）。
A. 上班时间须穿着公司统一发放的工作服，工作服要保持整洁
B. 当值班前台人员为了给客户留下深刻印象，应该喷涂较为浓烈的香水
C. 客服人员应该保持头发整齐、光泽，勤洗头；不得佩戴款式夸张的首饰等
D. 保持手部干净

3. 审核订单内容主要涉及（　　）等方面。
A. 货物属性
B. 提供地址
C. 收货地址
D. 收货人性别

4. 以下服务语句，不适合使用的有（　　）。

A. 您好！请问您是××先生/小姐吗？您近期在我公司办理了××业务，我想针对这次合作做个拜访。请问您现在方便吗？

B. 我知道您要午睡了，我只耽误您两分钟，绝对不打扰您休息

C. 请问您对我公司的业务处理流程是否满意？

D. 你等一下啊，我是新来的，不了解这些，我请其他客服来

四、判断题

1. 客户或来访者进门，前台人员起身接待，并致以问候或欢迎辞。（　　）

2. 尽量用与客户见面的最初6秒钟时间来给客户创造良好的第一印象。（　　）

3. 发放名片时，要根据对方地位采取跳跃式发放。（　　）

4. 前台客服应该保持手部干净。男员工不留长指甲，指甲内不得残留污物，女员工应该涂抹鲜艳指甲油，吸引客户注意。（　　）

5. 电话拜访时尽量以私人电话拨出，以取得客户较高的信任度。（　　）

五、简答题

1. 简述电话受理查询业务工作流程。

2. 简述物流企业前台接待工作内容。

六、案例分析

案例1

某日百世超市的王主管来配送中心谈业务，两位客户服务人员接待了他。丽丽早就等在接待室门口，一见王主管走来，马上上前迎接，在与王主管握手问好后，把名片正面朝对方双手递上，同时自我介绍说："我是客服专员王丽丽，请多关照。"另一位客服莎莎则坐在桌子旁，等丽丽和王主管寒暄结束才站起身，用左手把口袋里的名片拿出来，直接送过去，微笑点头示意，并没有再说什么。你认为这两位客服人员做得如何？

案例2

某日中佳物流公司的客服人员王阳正准备整理物品下班，这时电话铃响了。而接她班的同事并没有到位，于是她没有理会，继续收拾物品。铃声响了五声后，王阳才接起电话，带着疲倦的声音说："您好，这里是中佳物流。这台人工坐席已经过了服务时间，我为您转到自动声讯系统，您可以按照语音提示操作并留言。谢谢，再见。"说完，不等对方回话，她便将电话转移到自动系统，下班回家去了。她做得对吗？

项目五
5 处理客户投诉 学习投诉管理

思政目标

诚实守信，对人友善，树立公平公正意识，会辩证看问题和处理问题。

知识目标

1. 理解客户投诉对企业的重要影响作用。
2. 知晓客户投诉分析的重要作用。
3. 熟悉客户投诉处理流程。

技能目标

1. 会分析客户投诉，了解投诉原因。
2. 能运用技巧处理客户投诉。
3. 会填制各种客户投诉表格。

素养目标

树立客户同理心，提高情绪管理能力。

任务一
理解客户投诉处理原则

思政案例
商家久未发货
物流时效遭质疑

任务描述

一天，长海物流公司接待了一位来投诉的老客户吴经理。吴经理经营了一家副食品公司，长海物流公司长期为其配送面粉等原料。上周长海物流公司为其一个门店配送20袋面粉，其中8袋面粉被淋湿，出现结块、发黄等问题，导致该门店无法完成其客户的紧急面食订单。该信息反馈给吴经理后，他怒气冲冲地来到长海物流公司讨要说法。

长海物流公司客服部门新来的接待员刘娜，觉得吴经理脾气大，嗓门粗，不可理喻，于是不礼貌地打断吴经理的陈述，为公司辩解。最后两人越说越激动，引来旁边人的围观。你认为刘娜做得对吗？她该怎样做呢？

任务目标

1. 理解客户投诉的重要作用。
2. 辨析客户投诉的原因及投诉的心理需求。
3. 明确客户投诉处理原则，正确看待客户投诉行为。
4. 记忆并运用客户投诉处理行为模型。

投诉是一剂“苦口良药”

任务实施

一、知识准备

（一）物流客户投诉的作用

1. 客户投诉产生过程

投诉是客户将其在接受客户服务的过程中所感受到的不满意向有关部门申诉的行为。客户投诉源于客户的不满意，其产生过程如图 5－1 所示。

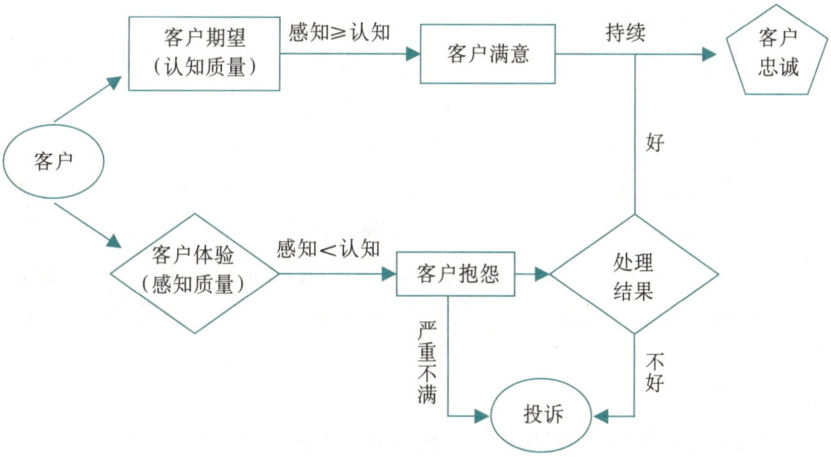

图 5－1 客户投诉形成过程

2. 物流客户投诉的作用

虽然客户投诉中掺杂着客户的负面情绪，但对企业来说客户投诉却是难得的改善服务的契机。没有客户投诉并不意味着服务完美无缺，哈佛教授李维特在《哈佛商业评论》中说：“与客户之间关系走下坡路的一个信号就是客户不再抱怨了”。因此，客户投诉不是企业的麻烦所在，而是完善服务的苦口良药，是企业进步的宝贵资源。

（1）客户投诉意味着客户对服务或产品感兴趣。调查结果显示，在每 100 位不满意的顾客中，只有 26% 的顾客向身边的服务人员口头抱怨过，只有 5% 的顾客向有关部门进行正式投诉，所以少量的顾客投诉也许意味着大量顾客已经离企业而去。客户对服务不满时，他们不辞辛劳地投诉，反映出客户对公司的信任，希望问题能够解决，下次的服务会更完善。

（2）处理投诉是与客户沟通、发展关系甚至是拓展业务的良机。投诉使企业明白客户的要求，从而挽回服务劣势。客户的投诉得到了圆满解决，他们会积极地宣传公司，形成良好的广告效应；有难度的客户投诉，会提高客服人员与客户打交道的技巧；客户投诉也可以带来新的商机，企业在与客户的沟通中会发掘新的业务机会，拓展新的合作项目。

此外，客户投诉可以为企业提供更多、更宝贵的信息，让企业有针对性地改进服务质量，客户的投诉为企业改进产品和服务质量提供了大量的数据和参考信息。

体验活动

你投诉过吗？外出购物、消费时观察一下周边的环境和人群，尝试着投诉一次，或者提出建议和要求，看看接待人员是怎么答复你的，他们做得好吗？

____

____

____

（二）物流客户投诉的原因及对策

物流客户投诉的形式多样，如口头投诉、书面投诉、电子邮件投诉、网络在线投诉和电话投诉等，不管什么形式的投诉，其原因不外乎以下几种。

1. 对物流服务质量和服务人员态度不满的投诉

涉及物流服务质量的投诉有货品数量误差、价格差异、货物差错等，与客户服务人员有关的投诉则集中在服务人员对客户提出的问题漠不关心，甚至言语冲撞等方面。此类投诉问题属于企业亟待解决的问题，它关系到企业物流服务品牌的形象和服务的质量，客户服务人员应严肃对待，在给客户肯定答复的同时，还应快速将问题反馈到责任部门和管理部门。

2. 涉及时间的投诉

涉及时间的投诉集中在起运时间延误，货物到达延迟，订单处理不及时，出现误差、对退换货的快速反应程度低，赔偿不及时等方面。对此类问题，若延迟的原因在企业，客服人员也应及时向有关部门反映；若属于外界的原因，则应选择合理的时机、用合适的语言做简短的解释，工作的重点还回归到解决客户的问题上。

3. 客户主观认知差异和个性原因导致的投诉

客户因对企业经营方式及策略的不认同，对合同条款的理解存在误区，或者个别客户提出过高要求无法得到满足时都会向企业抱怨或投诉。对于这一类投诉，客服人员不能够草率答复或承诺客户的要求。不否定客户的提议，表达歉意，或在权限范围以内给予一定的补偿或奖励是比较有效的处理办法。

客户在投诉时的诉求和行为千差万别，它取决于投诉客户的个性特点和投诉事件所造成的实际损失。表 5 - 1 集中归纳了投诉客户的类型、行为特征及处理对策，为客服人员接待投诉客户、处理客户投诉提供参考。

表 5－1 投诉客户的类型、行为特征和对策

投诉客户类型	行为特征	对策
质量监督型	重社会责任，提出不满事项，建议改进，对利益的要求不高	肯定其观点，邀请其代表客户参加企业的座谈会
理智型	指出问题，希望获得答复	及时回复，快速解决问题
谈判型	说明所受损失，要求赔偿	支付合理的赔偿或补偿
受害型	情绪低落，需要得到同情	安抚，给予适当补偿

体验活动

在网上收集关于淘宝双十一活动“爆仓”的新闻，分析在此阶段客户投诉激增的原因。

____

____

（三）客户投诉处理原则

客户投诉处理的目的是客户满意，低层次的目标是为了消除客户不满的后患，高层次的目标是追求扭转客户不良印象，加深客户对企业的良好认知。要在客户投诉环节实现客户满意，客户服务人员应坚持以下几个原则。

1. 倾听原则

不管客户的投诉原因属于哪一类，在接到客户投诉的那一刻起，倾听成为首要的工作。通过倾听掌握客户的真实需求，通过倾听让客户感受到企业的重视和员工的责任意识。

小贴士

你会倾听吗

倾听不是简单地用耳朵去听，而是用心去感受客户的言语信息和非言语信息。有效的倾听应该是：

（1）聚精会神：忌眼神游离，频繁离座。

（2）换位思考：忌轻易评判，妄下决断。

（3）适时问询：忌随意打断客户谈话。

（4）主动回应：忌重内容，轻感受。

（5）把握尺度：忌忽视必要的社交距离。

（6）用笔记录：忌粗枝大叶、草率了事。

2. 及时处理原则

遭遇客户投诉，客户服务人员应能及时做出反应，能够及时解决的，必须立刻解决，不要拖延；不能及时解决的，要明确告知客户回复的时间，并保证在承诺时间内给客户满意的答复。

小贴士

客户投诉处理时间期限

受理的客户投诉，不能立即解决的，客户投诉专员必须在7个工作日内处理；客户服务部转办、督办的案件，相关部门必须1天内研究出解决方案；因特殊原因不能马上解决的，必须在3天内做出处理意见，最长不超过7天。

3. 公平原则

公平原则是指客服人员在处理客户投诉时，应一视同仁，不可欺压小客户，逢迎大客户。按制度的要求来处理客户的投诉问题，做到有章可循，保持投诉处理标准的统一、规范。

4. 记录原则

客户服务人员接待投诉客户，应做好详细的投诉记录，记录投诉的时间、内容、处理过程、处理结果、客户意见和惩罚措施等，不可凭一时的记忆草率处理问题。记录客户问题既是对客户的尊重，同时也是对企业的负责。为改善物流服务质量，应该加强投诉管理、积累实证材料。

5. 明确责任原则

明确客户责任原则包含三个方面的内容：首先是明确提示处理责任，即每一位客服人员都应该知道自己在处理客户投诉业务中的工作职责、权限，从而保证投诉妥善解决；其次是在投诉处理中应明确投诉的责任部门和责任人，便于预防同类问题的产生；最后明确未能及时解决的责任归属，避免投诉升级，负面影响扩大。

小贴士

海尔投诉处理原则

（1）一个不漏地记录客户反映的问题。
（2）一个不漏地处理客户反映的问题。
（3）一个不漏地跟踪复查处理结果。
（4）一个不漏地把问题反映到相关部门。

（四）客户投诉处理行为模型

（1）要微笑，不要嫌恶客户，冷若冰霜。
（2）要冷静，不要被客户情绪左右。
（3）要道歉，不辩解，少解释。
（4）要关注，不要视为平常。
（5）要补偿，不要施舍。
（6）要快速，不要拖沓。

（五）客户服务人员处理投诉时应注意的问题

（1）做好“受气”的思想准备，不计较客户的语言。

（2）说话不触及个人，回避客户忌讳的问题。

（3）对事不对人，勇于道歉和承担责任。

（4）明确客户投诉信息。

（5）充满诚意地征求对方意见，不要施舍，不下最后通牒。

体验活动

根据表5－2提供的评分标准为自己打分，看看你是否具备客户服务人员的潜质？

____

____

表5－2　　客户服务人员的潜质测试

项　目	分值（分）									
1. 我多数情况下能够控制自己的情绪	1	2	3	4	5	6	7	8	9	10
2. 我能高兴地面对对我冷淡的人	1	2	3	4	5	6	7	8	9	10
3. 我喜欢大多数人并乐意与别人相处	1	2	3	4	5	6	7	8	9	10
4. 我乐意为别人服务	1	2	3	4	5	6	7	8	9	10
5. 即使我没错，我也不介意表示道歉	1	2	3	4	5	6	7	8	9	10
6. 我对自己能够善于与别人沟通感到自豪	1	2	3	4	5	6	7	8	9	10
7. 我善于记住别人的名字和面孔	1	2	3	4	5	6	7	8	9	10
8. 我的微笑是自然流露的	1	2	3	4	5	6	7	8	9	10
9. 我喜欢看到别人因为我而心情愉快	1	2	3	4	5	6	7	8	9	10
10. 我常保持清洁，并喜欢装扮和修饰自己	1	2	3	4	5	6	7	8	9	10

备注：自我评分在80分以上，说明你很适合客户服务工作。

自我评分在50～80分，说明你需要进一步学习人际关系沟通技巧。

自我评分在50分以下，说明客户服务工作对于你来说也许不是一种好的职业选择。

二、小组活动安排

（一）活动内容

（1）指出刘娜在工作中存在的问题，明确应该怎么做。

（2）设计刘娜与吴经理的对话，体现吴经理被安抚的过程。

（3）模拟正确接待吴经理，平息吴经理怒火的过程。

（二）活动要求

（1）结合客户投诉的意义和客户投诉处理原则分析刘娜在工作中的错误，并用表格列示出来。

（2）设计并模拟刘娜与吴经理的对话，要求体现客服人员对客户投诉处理基本原则的运用，展现表现客服人员的服务理念、职业素养、沟通技巧。

（三）活动步骤

1. 小组讨论客户服务人员应该如何正确看待客户投诉，刘娜错在哪儿

提示：

（1）吴经理是长海物流公司的老客户，由于此次服务的失误造成了吴经理生意链上客户的潜在损失。他亲自来到公司服务中心投诉，表明他对此事很重视，希望得到长海物流公司的重视。

（2）刘娜的错误在于缺乏同理心、情绪失控、不注意负面影响。

2. 分组设计客服人员与吴经理的对话内容

提示：

（1）展现吴经理的言语由怒气十足逐步变成“妥协、接受”的过程。

（2）客服人员的语言应温婉、妥帖，体现出为客户着想，努力解决客户的问题的思想和态度。

3. 模拟前台客户服务人员刘娜接待吴经理的过程

提示：

（1）接待过程要安抚吴经理的情绪。

（2）接待过程符合礼仪要求。

（3）前台客服刘娜在安抚客户后联络投诉专员。

任务评价

一、小组活动评价标准

组长负责评价每个组员的工作过程，量化评价标准，总分值为30分（见表5-3）。

（1）态度：用心完成活动任务，并找到自己的疑惑，提出问题；积极参与小组讨论，大胆阐明自己的观点。

（2）互助与合作：帮助组内其他成员解决问题，与小组成员一起分享资源、观点，分担任务和责任。

（3）倾听：认真倾听他人的观点，并能针对其他成员的观点提出自己的观点与见解。

（4）展示与效果：各小组派代表发言，全面、准确汇报小组共同的学习成果。

表5-3　小组成员评价表

小组名称：__________　　组长：________

小组成员	态度（5分）	互助与合作（10分）	倾听（5分）	展示与效果（10分）

二、教师评价标准

教师负责评价每组的任务完成情况，量化评价标准，对工作结果进行评价。总分值最高为70分（见表5-4）。

表 5 –4　　小组学习评价指标

序号	评价指标	分值（分）
1	能在规定时间内小组合作完成工作任务，顺利展示。表达能力较好，逻辑性强，观点正确，有一定创新	60 ~ 70
2	能在规定时间内完成工作任务，能做展示。有自己的观点，表述清楚	50 ~ 59
3	在教师或其他组的帮助下完成工作任务，有展示	40 ~ 49

三、教师点评

教师对各组活动进行点评、打分，每个学生最后得分为组内成员评价分值加上所在小组分值。

拓展提升

接待客户投诉的工作标准

一、接待客户投诉的态度标准

（1）态度诚恳。心平气和地认真听取客户的表述，眼睛正视对方，切不可心不在焉，东张西望，心神不宁。

（2）承认客户投诉的事实。倾听客户投诉时应不时点头示意，表明对客户感受的认同和理解，向客户表明及时处理投诉事件的态度。

（3）心存感念，感谢客户的批评指教。

二、接待客户投诉的行为标准（见表 5 –5）

表 5 –5　　受理客户投诉的行为标准

项　目	标　　准
听	闭嘴竖耳认真听，不打断客户 适当地做出认同和理解的回应，必要时可以附和 听取重要的论点，记录关键的信息 重复你听到的客户需求，切忌揣测 站在客户的角度听，不以自己为中心 试着去了解客户的感受，不带个人感情色彩 听的过程要思考，为回答找方案
说	礼貌客气地说 想好了有效的解决方案再说 不要用挑逗性的言语 尽量不用否定性语气 交流要友情、真诚——不友好是结束沟通的诱因 语气友好，但不能太软——太软不服众 重复问题的重点，确保客户理解 学会用“是的”“感谢您的建议”等表达认同 适当赞美、不评价、不贬低 有理让三分、无理要道歉

续表

项目	标准
问	关心的问题——可增强感情有利于沟通 问好的问题——可帮助了解更多的信息 不要重复问客户同一问题——显得不专注 提不当的问题——会惹麻烦 敢担当责任，不推卸
记	投诉记录要系统、完整、统一 记录格式要简便、实用、有可操作性 确认责任人要正确、清楚、有可追溯性

三、各类投诉事故处理话术标准（见表 5－6）

表 5－6　各类事故投诉回复话术标准

类型	问题		回复语言
晚点事故	我的货都交给你们 10 多天了，怎么还没有到当地		您好，这个货物确实是因为我公司的延误造成的，您放心，我会安排并以最快的方式送达您的货物。对我们的失误向您表示歉意，请您谅解，如果您还有其他的需要，可以随时联系我们
	为什么一票中的几件会分开来运输	情况一：货已到达进港方，一部分已派送，另一部分还未出库	××先生/小姐，非常抱歉，因为我司配载落货给您造成了不便，这种事情我们也是不想看到的，现在我马上联系一下出港方帮您安排尽快将货发出，并告诉您最快的到达时间，您看可以吗
		情况二：一部分货还在出港方未出，一部分已经到达进港方	××先生/小姐，非常抱歉，因为车辆空间有限，一次装不了那么多货物，担心您着急使用，所以先期给您派送过来一部分，其余的我们也会尽快给您安排派送的
	我的货物是走不了航空，但你们答应我×天到的。你现在告诉我预计还得等 2～3 天，你们怎么做快递的？我要投诉		您好，很抱歉，这个货确实是走不了航空，只能安排其他的方式发货（告知客户货物状态）。您看这样好吗，我们会随时跟踪货物情况，只要到了派送方，我们第一时间派送，一旦有问题我们及时联系您
	都一个星期才给我们公司送过来，我挨领导批评了。你们要赔偿我的经济损失		您好，由于我公司的晚点，给您造成的损失我们会按照公司的规定对您的运费进行处理，但您提出的额外要求我公司确实无法承担，对于公司晚点，我们向您道歉，随后我们传真一份致歉信到贵公司，您看可以吗
	都 5 天了，我的货怎么还没送到		××先生/小姐，您的货物由于天气原因未及时配上航班/铁路，我会马上为您协调处理这件事情，并以最快的方式将您的货物送达您的客户处，您看可以吗
	我的客户还未收到货，人家都说不要了。你们说怎么办		由于我公司的晚点给您的客户造成的不便与误解，您看是否方便由我公司亲自和您的客户做一下解释工作
	说好今天来送的，怎么还不来啊？这不骗人吗		××先生/小姐，实在不好意思，请您将业务单号提供给我，我帮您催促一下，好吗？对此给您带来不便，我向您道歉了！我来帮您再沟通一下，尽快给您送过去，给您带来的不便，我公司深表歉意
	我的货都到当地了，怎么还不给我送过来		您好，您的货物由于下雪/车辆故障/人手不足的原因未及时到达您处，这确属于特殊情况，请您多多谅解。我们会尽快排除困难将货物送给您，您看还有什么我能为您效劳的

续表

类型	问　题	回复语言
货物破损事故	我的香水是你们给包装的，结果客人还未收到就全碎了，撒了一箱子怎么赔偿我	您好，您的货物确实是由于运输不当造成的，我公司会马上为您协调处理好，并将货物的赔偿金全部退还给您。给您带来的不便，我代表公司向您表示歉意
	我包装好的货给你们，朋友收到东西就坏了，纸箱还好好的，怎么赔我	您好，您的货物是自行包装的，在外包装完好的情况下内物破损，说明您的内物包装不合格。像这种情况我们是不予赔偿的，但是由于您是当场验货发现问题，我司仍然会从客户利益的角度考虑并按照规定积极为您处理，尽量让您满意
	我手机给邮寄过来时屏幕碎了，怎么赔偿我	××先生/小姐，您的货物由于已经投保，货损原因也确实在我方，故我们会及时收集破损资料及照片，及时为您的货物走保险程序；同时也请您积极配合我们的工作，保持手机畅通。我们会给您一个满意的答复
	我今天收到吹风机了，结果快递员走后我一看挤碎了，怎么赔偿我	您好，您的货物为正常签收，我司已履行完投递服务。此后发生的货物问题，因责任无法界定，因此无法赔付，请您理解；也建议您收货时务必当场开箱验货
货物丢失事故	我给你们寄个东西，快递员竟然告诉我弄丢了，你们得赔偿我	您好，××先生/小姐，您的货物确实是由于我公司操作不当丢失，我们会马上对您的货物做赔偿处理，赔偿金额会在×天内送到您的手上。对此造成的不便请多多原谅，如果还有什么需求请和我联系，我会尽全力满足您的要求
	我给朋友寄个手机，今天快递说给弄丢了，我要投诉	××先生/小姐，您的货物是由于航空/铁路/零担第三方操作失误丢失，我们正在为您代办货物赔偿/走保险程序。对于这种情况的发生我们深表歉意，我们会规范我司的服务，并希望下次为您提供更好的服务
	我的货都寄出半月还未到，是不是给我弄丢了，或是你们内部给偷走了	××先生/小姐，对您所反馈的货物丢失现象，我公司马上为您核查，我公司库房为计算机监控，物流车都是全程封闭挂签管理。请您放心，我司一定会给您一个满意的答复
服务态度	我要投诉，说好给我送过去的，结果要让我跑一里地去取货	您好，××先生/小姐，首先向您表达我们的歉意！如果是市区里面，我们有义务送货上门，如果非市区内，就得麻烦您亲自去取了。不管哪种情况，我们都需要向您道歉，因为是我公司服务人员没有向您说清楚
	你们的 3027 号员工的态度太差，刚才骂我并挂我电话。我要求她给我道歉	××先生/小姐，我马上为您查询处理，如果确实像您说的那样，我们公司会满足您的要求并责令我司员工亲自向您道歉，对此造成的不便我在这里向您道歉，请多多包涵
	你们的快递员素质太差了，到了告诉我让我自己去拿，不拿就退回	我们重新安排快递员送货上门。希望能得到您的支持和谅解

任务二
处理物流客户投诉

任务描述

在任务一中，长海物流公司为老客户配送的20袋面粉中，其中8袋被淋湿，出现结块、发黄现象，导致客户无法完成一份紧急面食订单，客户吴经理在投诉中提出赔偿销售损失及违约金共计5 000元。

前台接待员刘娜在其他人的协助下，将客人带到了公司会议室，并通知了客户投诉专员王寒。王寒立刻拿着文件夹赶到会议室，进入工作角色。他是怎么做的呢？

任务目标

1. 熟悉客户投诉处理的流程。
2. 会填制各种投诉处理表格。
3. 能运用技巧处理客户投诉。

任务实施

一、知识准备

（一）物流客户投诉处理流程

物流客户投诉处理由三个阶段组成，即受理阶段、处理阶段和总结阶段，涉及企业的客户服务部门、相关营运部门和财务部门，一个完整的、令客户满意的客户投诉处理需要各个部门的共同配合和通力合作。物流客户服务人员在客户投诉处理业务中主要担负着接待客户、反映客户问题、传递投诉处理方案、了解客户感受等工作，客服人员的工作规范、工作流程直接影响着客户投诉处理的效果，图5－2所示为规范化的客户投诉处理流程。

1. 受理客户投诉阶段的工作内容

受理客户投诉是处理投诉的第一步，客服人员的敬业精神和处理能力直接影响投诉事件的发展方向，或平息，或升级。这个阶段上客户投诉专员应该做好以下工作：

（1）安抚客户，平息客户愤怒。问候、致歉是安抚客户、化干戈为玉帛最好的方法，一声亲切的问候拉近企业与客户的距离，一句抱歉则表达企业解决客户问题的诚意。所以客户服务人员应充满感情地问候客户，真诚地表达歉意，不能例行公事，走程序。

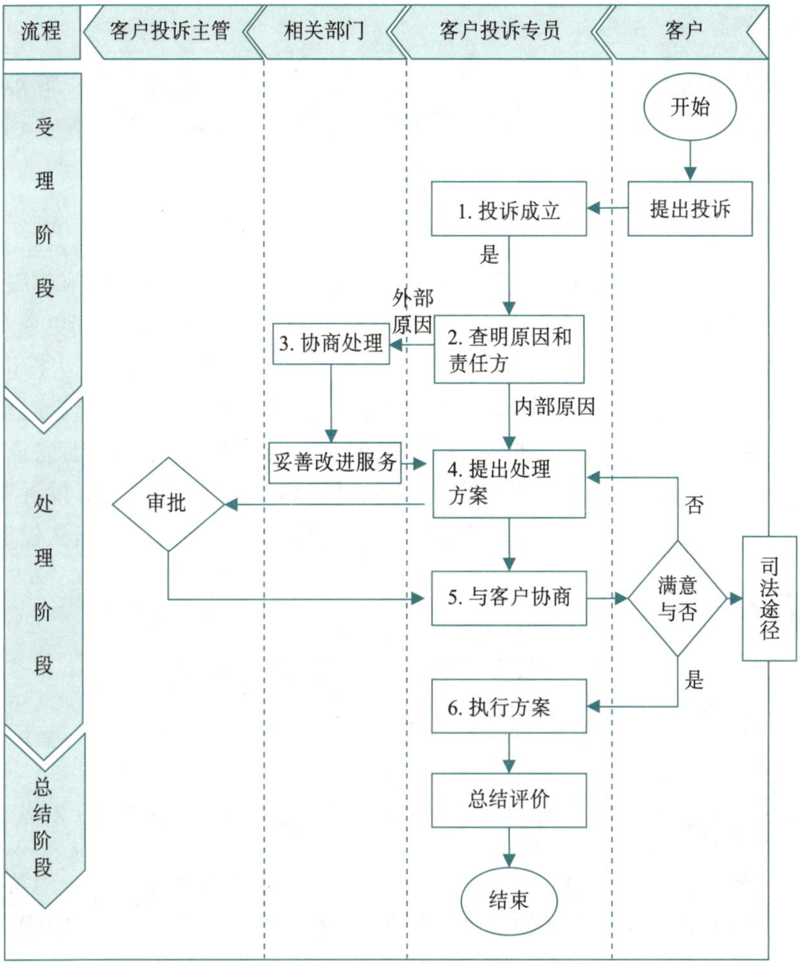

图 5－2　客户投诉处理流程

小贴士

受理客户投诉的正确行为

（1）对客户的要求做出快速反应，不让客户等待。

（2）寻找最合适的场所接待上门投诉的客户。

（3）和颜相待，对给客户带来的不便表示歉意。

（4）保持自信和冷静，客户发泄怒气时，不争辩。

（5）缩小负面影响，避免事态扩大。

（6）找出真正原因，不责备和批评自己的同事。

（7）不直接拒绝客户或在事实未澄清就承担责任。

（8）及时向上级主管反映，并协调责任部门予以解决。

体验活动

客户暴跳如雷地说：上次货物延迟一个星期；这次货物超期两周，服务越来越差，还想不想做生意啊？客户都走了，要赔偿我的经济损失！你怎么说？

____

____

（2）自我介绍，令客户感受到专人负责。向投诉客户介绍自己，表明企业和客服人员对客户投诉事件的担当；让客人明确知道他的事情由谁具体负责，比让客户面对一个部门更令人踏实。

（3）引导客户表述事件，倾听并记录客户心声。客户情绪正常地表达投诉事件，对投诉处理效率至关重要。客户投诉专员应尽快将客户的注意力引导到事件上，避免客户在愤怒的情绪里纠结。倾听客户的表述，在客户投诉登记表（见表5－8）中详细记录客户的姓名、单位、联系电话、地址等投诉人信息和投诉时间、投诉对象、投诉要求等投诉事件信息。对于网络或信件投诉，客服人员应按照客户的联络方式与客户直接沟通，确认投诉事实。

小贴士

记录客户投诉时应注意的问题

（1）边记录边回应。不要默不作声地埋头苦记，边记录边重复客户的重要字句，用电话沟通时更要及时回应。

（2）学会使用速记技巧。逐字逐句记录客户的语言，不仅累，还令客户怀疑你的能力。

（4）分析问题，判断投诉是否成立。分析客户投诉事件，判断问题产生的原因。对于不成立的投诉，或不属于企业责任的事件，婉转地答复客户，取得客户的谅解，消除误会。对于不能即刻判断的投诉问题，应向客户告知企业处理投诉工作的流程和需要的处理时间，承诺回复的时间。

（5）核对关键信息，礼貌结束受理环节。记录下客户投诉的信息后，应结束受理环节，以便快速进入调查处理阶段。在这个阶段，客户投诉专员不能忽视以下几个问题：

①感谢投诉客人的配合。

②核实客户投诉的关键信息。

③请上门投诉的客户签字，确认投诉记录的内容。

④向客户承诺，并礼貌告别客户。

体验活动

客户说：“今天收到吹风机了，结果你们走后我一看吹风机被挤碎了，怎么赔偿我？”这个投诉成立吗？你怎么说？

____

____

小贴士

受理客户投诉要求

（1）受理电话、来访、来信投诉时，要做到“三清”，清楚投诉人姓名及工作单位、事情的经过、联系地址及电话。

（2）做好记录，不以任何方式要求或暗示对方撤回投诉。

（3）来访投诉客户等候时间不得超过3分钟，信件投诉应在24小时内给予明确答复。

2. 处理客户投诉阶段的工作内容

（1）归属责任部门，明确责任人。对于成立的客户投诉，如果权责范围内的，客户投诉专员应立刻提出解决方案，与客户沟通，直至客户满意；属于超出职责权限的投诉，或不能立即解决的投诉问题，客服人员应上报投诉。客户服务部主管根据投诉的具体情况归属责任部门，重大合同纠纷的投诉，应归属到高层管理部门；如属于运输或存储问题，应归属到运营部门；如属于服务态度问题，应归属到被投诉员工所在的工作部门。

（2）协助调查，提出处理方案。

①客户服务部门跟进责任部门，调查核实投诉问题。调查后，如果确认客户投诉的责任不在企业，则应向客户做委婉说明；如果客户投诉的责任在本企业，客户服务部门应会同责任部门在规定的时限内确定处理方案，并将方案提交主管领导审批。

②客户投诉专员就审定的处理方案内容，与客户进行沟通、协商，直至客户满意，并填写“客户投诉处理表”，具体格式如表5-9所示。

③客户投诉专员根据最终处理方案编写并发送“客户投诉处理函”（格式略去）；或电话联系客户，告知投诉处理方案。

（3）实施处理方案，反馈处理结果。客户投诉专员监督和跟进投诉处理的进程，并及时获得客户的反馈。在投诉处理结束后，了解客户对处理结果的满意程度；如有不满，再次返回上级流程。

3. 总结客户投诉阶段的工作内容

这一阶段主要包括处理投诉情况分析，总结经验教训及归档等工作。客户投诉专员集中投诉处理过程中的各项表单，会同相关部门开展客户投诉分析，针对投诉事件撰写详细的处理报告和问题改善对策，以便吸取经验教训。最后整理所有表单资料，并统一归档。

（二）客户投诉处理技巧

1. 受理投诉时的技巧

（1）换位思考，耐心倾听对方诉说。客户在利益受到损害时才会投诉，作为客服人员要耐心倾听。倾听并不代表不说话，始终保持沉默地听客户的诉说，并不能获得客户的认可。用“我明白”“确实存在问题”等简短的语句来回应客户，让客户感受到你是站在他的立场考虑问题。

（2）稳定情绪，向客户真诚地道歉。客服人员要做好充当客户的“出气筒”的思想准备，不慌乱、不愤怒，也不冷眼旁观。让客户发泄，适时说句“对不起”，或用“我明白这给您和贵公司带来很多不便”，让对方不满的情绪稳定下来。

（3）有效引导，快速进入投诉主题。客户漫无边际地表述或者长时间喋喋不休地指责企业时，客服人员应在适时表达理解、同情之时，用合适的语言将客户引导到投诉主题上来。例如：“我能体会您的感受，我能帮您做点什么吗？”或者“您消消火，相信我能帮您解决问题的”都能将客户从愤怒的情绪、无边的唠叨中解脱出来。

（4）结束受理，礼貌送别客人。结束投诉受理时，不能草草打发客户，而是要给客户吃“定心丸”，让客户感觉到企业已经明了自己的诉求，并能诚心诚意解决其问题。“感谢您的到访或来电，我们会马上为您调查货物丢失的原因，并尽快给您一个答复。我能再次核对一下您的电话吗？您的电话是××××××××。麻烦您记录一下我的直呼电话，我姓李，如有需要可直接与我联系”是客服人员常用的结束谈话的表达方式。

2. 处理投诉时的技巧

（1）接待客户投诉时，要尽可能避开公共场所，应客气地将客户引导到合适的区域和位置。

（2）对客户提出的不实意见不要直接否定，谨记“争一句没完没了，忍一句一了百了”，切勿逞一时之快而失去客户，要充分相信客户。

（3）接到投诉要立即着手调查，弄清事实，找出原因。

（4）切勿轻易做出许诺和超出权力范围的承诺，必要时请当值人员和相关部门协助解决问题。

（5）处理完投诉后，应及时通知客户，并向客户致歉，争取在客户心中留下好的印象。

3. 答复客户投诉的技巧

（1）立即答复。对于权限范围的一般客户的常规性投诉，如果能肯定自己的判断，客服人员可以立即答复客户。答复内容主要包括：对投诉的情况给出解释和解决方案；告知客户公司能做到什么程度，本人的权力有多大，在权限范围内本人能为客户做什么；感谢客户的投诉；询问客户的意见。

（2）延期答复。如需要查询一下才能答复客户，则可以延期答复。延期答复应明确告知对方答复时间，向客户明确说明需要处理的时间和流程。

（3）转移答复。超出客服人员处理权限外的投诉以及需要调查取证的投诉，由上级领导出面答复。

体验活动

你了解一些处理客户投诉的基本技巧吗？完成表 5－7，看看你能得多少分？

____

____

____

表 5－7　　　　客户投诉处理小技巧测试

当你遇到一个不满的客户时，你会：	分值（分）				
保持平静	1	2	3	4	5
专注，不打岔	1	2	3	4	5
我会放下手头工作和其他电话的干扰	1	2	3	4	5
专心客户所关心的事	1	2	3	4	5
表现出对对方情感的理解	1	2	3	4	5
保持微笑，面部表情合适	1	2	3	4	5
与对方对视时眼神很关切	1	2	3	4	5
耐心听完对方的全部陈述后再做出回答	1	2	3	4	5
面对口头的人身攻击不采取对抗姿态	1	2	3	4	5
语调平缓、自信	1	2	3	4	5
让客户知道自己乐于给予帮助	1	2	3	4	5
做好记录	1	2	3	4	5
知道在什么时候请出自己的上司	1	2	3	4	5
避免指责自己的同事和公司	1	2	3	4	5
不使用火上浇油的措辞	1	2	3	4	5

分值说明：1＝从不这样　　2＝极少这样　　3＝有时这样
4＝通常这样　　5＝总是这样

评分说明：优秀：81～100　　良好：61～80　　需要提升技巧：41～60
需要主管帮助：21～40　　需要下岗学习：1～20

二、小组活动安排

（一）活动内容

（1）模拟王寒处理客户投诉的过程；模拟的内容仅限于与客户联络的过程，企业内部事件原因调查、向各部门下达投诉处理通知等环节可略去。

（2）根据需要填制客户投诉处理表格。

（二）活动要求

（1）严格按照图 5－3 的步骤处理客户投诉。

（2）注重礼仪知识和语言沟通技巧的运用。

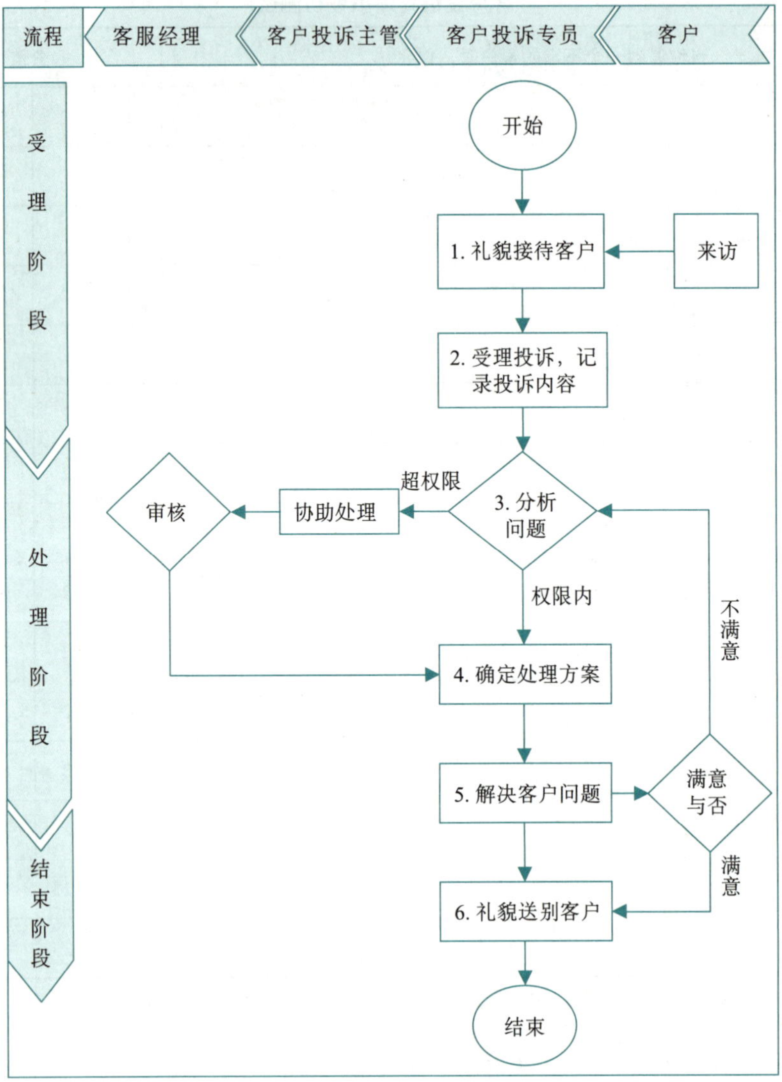

图 5－3　客户投诉处理步骤

（三）活动步骤

（1）平息吴经理情绪。王寒向客户道歉，并自我介绍，向吴经理表示这事由自己负责，并表示将给吴经理一个满意的答复。

（2）引导吴经理表述事件，并做好记录。王寒与吴经理就投诉事件进行沟通，并登记表 5－8 所示的客户投诉登记表。

（3）判断投诉是否成立，是否需要请示上级主管。根据吴经理的表述，王寒初步判断为合理投诉；但事件产生的原因不十分清楚，加上客户坚持的赔偿金额超出王寒的处理权限。所以王寒决定先送别客户，然后再请示主管。

表 5－8　　客户投诉登记表

投诉类型		受理编号		受理日期	
投诉客户姓名			投诉对象	□商品　□服务 □员工　□其他	
客户地址			电话		
投诉理由					
客户要求					
投诉受理	□受理	承诺办理期限			
	□不予受理	理由			
备注					

（4）核实客户投诉信息，答复客户，并礼貌送别客人。与吴经理核实表述内容，向吴经理表示公司十分重视他的事件，一定会给他一个满意的答复，约定 1 天后与之联系。送上公司的小礼品，安慰吴经理，并请吴经理暂时回公司休息，等待处理结果。

（5）电话联系客户。第二天，王寒根据公司审定的“客户投诉处理表”（见表 5－9）用电话沟通的形式向吴经理传达公司的处理方案（调查过程略去），询问吴经理意见，并作恰当的劝解、安慰。客户同意处理意见，王寒礼貌挂断电话。

表 5－9　　客户投诉处理表

投诉编号		投诉类型		日期	
承办人		承办主管		查证人	
投诉者	姓名			电话	
	企业名称			地址	
投诉标的	商品	面粉		金额	5 000
	服务			其他	
双方意见	对方意见	要求赔偿 5 000 元			
	本方意见	客户违约损失中有一部分属于潜在损失，支付的违约金属于实际损失，可以考虑在面粉结算价格上让步，给予客户一定补偿			
调查	调查结果	面粉保管不善，出现质量问题			
	调查判定	库管员、理货员负主要责任			
情节程度	□严重　　□一般　　□无影响				
产生原因	□严重原因　□偶发原因　□疏忽大意　□不可抗拒原因				
最后对策	考虑到客户实际遭受的违约金损失，公司决定对已经使用的 12 袋面粉按最低结算价格结算，并免去本次送货费用。同时承诺在本季度内，吴经理的公司使用的产品，均按优惠价格结算，预计让利达到 3 000 元				
备注					

制表：　　　　　　　　　　　　　　　　　　　　　　　　　　　　审核：

（6）一周后对客户进行电话回访。回访话题涉及两个方面：

①客户的经营活动是否受到不良影响；

②后续的交易是否按优惠价格结算。

任务评价

一、小组活动评价标准

组长负责评价每个组员的工作过程，量化评价标准，总分值为30分（见表5－10）。

（1）态度：用心完成自学任务，并找到自己的疑惑，提出问题；积极参与小组讨论，大胆阐明自己的观点。

（2）互助与合作：帮助组内其他成员解决问题，与小组成员一起分享资源、观点，分担任务和责任。

（3）倾听：认真倾听他人的观点，并能针对其他成员的观点提出自己的观点与见解。

（4）展示与效果：情景模拟真实、灵活，符合处理投诉基本步骤和要求。

表5－10　　小组成员评价表

小组名称：________　　　　组长：________

小组成员	态度（5分）	互助与合作（10分）	倾听（5分）	展示与效果（10分）

二、教师评价标准

教师负责评价每组的任务完成情况，量化评价标准，对工作结果进行评价。总分值最高为70分（见表5－11）。

表5－11　　小组学习评价指标

序号	评价指标	分值（分）
1	能在规定时间内小组合作完成工作任务，小组成员能在情景模拟中表演精彩，体现出投诉处理的灵活性和技巧性；礼仪规范、过程全面、流程正确；表单填写完整、分析到位、方案合理，整改措施实用	60～70
2	能在规定时间内完成工作任务，能做模拟；处理投诉过程较为全面，步骤正确；表单填写较为完整、较为合理	50～59
3	在教师或其他组的帮助下完成工作任务，有表演，基本完成表单填写	40～49

三、教师点评

教师对各组活动进行点评、打分，每个学生最后得分为组内成员评价分值加上所在小组分值。

拓展提升

宅急送客户投诉处理工作标准

一、物流客户投诉案例处理要求

客户服务人员接到客户的投诉后，按照流程处理事故，做到：

（1）客户来电，不管是否有处理结果，必须要在 2 小时内回电客户。

（2）查询货物、实时跟踪，遇疑难案件，跟踪至签收为止。

（3）关于赔偿处理，征得客户同意后，应及时请款，并在 5 个工作日内支付。

二、物流客户投诉事故类型及处理和赔付标准

物流客户投诉事故类型及处理和赔付标准见表 5－12。

表 5－12　物流客户投诉事故类型及处理和赔付标准

事故类型	定义	赔付条件	处理标准	赔付标准	要求
晚点	超出希望送达时限	派送签收时间在送达时限后。（给客户承诺的时限）	1. 核实系统送达时限与箱单送达时限 2. 告知客户如晚点，会进行晚点赔付，但不说明具体赔付金额	1. 延误一天减免 10% 的运费，最高减免 40% 2. 彻底延误 7 个工作日以上，若运费较少，可视情况通融赔付	货物未签收之前不允许进行晚点赔付（包括返货）
丢失	发出货物品名、件数与收到货物不一致；收货人本人及代理人未签收到货物	1. 发出货物件数、品名与收货人收货数量、品名不一致 2. 系统记录签收，而收货人与其代理人未签收到货物 3. 超出送达时限 7 个工作日未派送到者视为丢失 4. 以最后一个出库时间为准，10 个工作日内再无入库信息者 5. 以上条件需在未签收前发生	1. 清点件数、复称重量，与系统及箱单进行核对，不符者按丢失进行处理 2. 虚假签收的，与送件员及派送站点进行核实，并与箱单核对收货人签字	1. 有保险/保价者走保险理赔程序 2. 未保险/保价者按最高不超过运费 3 倍进行赔付 3. 淘宝参考交易截屏，丢失最高赔付额不超过 1 000元 4. 视具体情况通融	箱单、系统进行核对
破损	货物损毁，影响使用价值与销售	1. 部分零件损毁，受污染，影响使用 2. 食品腐烂 3. 外包装破损 4. 以上条件需在未签收前发生	破损照片、箱单上注明、系统异常录入	1. 有保险/保价者走保险理赔程序 2. 未保险/保价者视货物破损情况最高不超过运费 3 倍进行赔付 3. 淘宝参考交易截屏，破损最高赔付不超过 300 元 4. 视具体情况通融	务必有现场电话投诉、箱单注明

续表

事故类型	定义	赔付条件	处理标准	赔付标准	要求
错货	发货人所发货物与收货人所收货物不一致	两件或多件货物箱单、标签贴错导致收货人收到后不是原发出货物	与客户及我司工作人员核实是哪方所填写的箱单	1. 免费调货 2. 因错货导致货物无法挽回的，可按丢失进行处理	务必核实箱单，双方进行联系
服务	1. 工作人员态度恶劣 2. 不送货上门或有送假货现象 3. 未联系收货人即派送 4. 未反馈异常返货、返款不及时	由于我司的一些行为给客户带来不便	1. 与客户和工作人员双方进行核实 2. 参考系统异常录入 3. 货物已经签收，但超过 10 个工作日未返款委托方 4. 系统下达返货命令 7 天后，仍未返者可按晚点处理	1. 服务态度等均向客户致歉，最高标准可出示书面致歉函 2. 假货投诉者，可由客户安排退款 3. 未反馈异常返货者，减免往返运费 4. 返款不及时需按标准流程及时退款	均需进行双方核实，不能听信一面之词
费用	客户不认可我司的收费	报价与箱单不符	与箱单及客户、小件员进行核实	根据实际重量进行报价，我司错误者，需退还差价	均需进行双方核实，不能听信一面之词

三、晚点投诉处理标准

晚点投诉处理标准见表 5－13。

表 5－13　晚点投诉处理标准

晚点类型	指令来源	处理责任人	处理标准	处理时限
取货晚点	查询、投诉人员	营业所（厅）经理	在规定时限内取件并当场向客户致歉	1 小时内
出港晚点		操作主管	落货、晚发，以最快方式出港	1 小时内回复客服人员具体发货时间
中转晚点		操作主管	落货、晚发，以最快方式中转	1 小时内回复客服人员具体中转时间
派送晚点		营业所（厅）经理	在客服要求的合理时限内派送	操作范围内，一个工作日派送，超区可延长一个工作日
返货晚点		营业所（厅）经理	收到返货指令，以最快方式操作返货	当日操作返货
返款晚点		结算人员	按照合同规定的时限返款	1 小时内回复客服人员具体返款时间
		客服中心主任	与客户达成一致后，当日请款	1 小时内回复客户具体打款时间

任务三 管理物流客户投诉事件

任务描述

前述，吴经理因长海物流公司配送的面粉出现了严重的质量问题前来公司投诉。客户投诉专员王寒受理投诉后，立即责成运输部门、仓库等营运部门进行工作过程的调查，并会同仓储部门主管前往客户店面开展实地调查，了解面粉被淋湿、结块和发黄的实际情况。在后续的工作中，王寒要做些什么工作呢？

任务目标

1. 熟悉企业内部投诉处理流程。
2. 会对客户投诉业务分析与总结。
3. 会填制“客户投诉调查表”“客户投诉处理通知单”“客户投诉处理报告”“客户投诉月报表”等相关表格。

任务实施

一、知识准备

（一）企业内部投诉业务处理流程

1. 开展客户投诉调查

客户投诉专员受理客户投诉后，分析可能的涉事部门，开展客户投诉调查。客户投诉调查是为了找到投诉事件产生的原因，明确责任部门和责任人，所以填报“客户投诉调查表”（见表5－14），记录调查内容至关重要。客户投诉调查涉及企业内部各部门和外部合作单位，必要时还将与客户进行深入地沟通。

2. 征集各部门处理意见，形成客户投诉处理方案

根据客户投诉调查记录，企业营运部、仓管部、客服部及相关部门主管就调查内容开展分析，落实责任部门和责任人，明确企业应承担的赔偿责任，形成客户投诉处理方案。客户投诉处理方案获得客户认可、满意后，编制“客户投诉处理表”（见表5－9）。

3. 下达“客户投诉处理通知单”，督促各部门执行投诉处理方案

客户投诉处理方案的执行涉及企业内部多个部门，向各个部门分发“客户投诉处理通知单”（见表5－15），确保相关部门按统一的尺度和要求处理客户的投诉问题，以保证客户的利益，树立信守承诺的企业形象。

表 5–14　　客户投诉调查表

<table>
<tr><td>投诉编号</td><td></td><td>投诉类型</td><td></td><td>日期</td><td></td></tr>
<tr><td>承办人</td><td></td><td>承办主管</td><td></td><td>查证人</td><td></td></tr>
<tr><td>投诉标的</td><td colspan="3"></td><td>金额</td><td></td></tr>
<tr><td colspan="6">内部调查</td></tr>
<tr><td>联系部门</td><td colspan="2"></td><td>联系电话</td><td colspan="2"></td></tr>
<tr><td>联系人</td><td colspan="2"></td><td>邮　箱</td><td colspan="2"></td></tr>
<tr><td>联系内容</td><td colspan="5">调查员签名：　　　　联系日期及时间：</td></tr>
<tr><td>回复部门</td><td colspan="2"></td><td>回复人</td><td colspan="2"></td></tr>
<tr><td>回复内容</td><td colspan="5">调查员签名：　　　　联系日期及时间：</td></tr>
<tr><td>调查结果</td><td colspan="5"></td></tr>
<tr><td>责任部门</td><td colspan="5"></td></tr>
</table>

表 5–15　　客户投诉处理通知单

发文号________　　　　填写日期________

<table>
<tr><td>投诉编号</td><td></td><td>客户姓名</td><td></td></tr>
<tr><td>经办人</td><td></td><td>承办主管</td><td></td></tr>
<tr><td>投诉内容</td><td colspan="3"></td></tr>
<tr><td>订单编号</td><td></td><td>涉及部门</td><td></td></tr>
<tr><td>承诺处理期限</td><td></td><td>实际处理
时间</td><td></td></tr>
<tr><td>发生原因</td><td rowspan="2"></td><td rowspan="2">处理对策</td><td>□换货　□打折</td></tr>
<tr><td>调查结果</td><td>□免费用　□其他</td></tr>
<tr><td rowspan="3">相关部门
执行要点</td><td>营业部执行要点</td><td colspan="2"></td></tr>
<tr><td>财务部执行要点</td><td colspan="2"></td></tr>
<tr><td>……</td><td colspan="2"></td></tr>
</table>

4. 填写“客户投诉处理报告”，总结投诉事件处理过程

“客户投诉处理报告”（见表 5–16）是对客户投诉事件的调查、处理等文件资料进行汇总、总结的表格，其作用是概括客户投诉事件，记录投诉处理过程，总结经验教训。

表 5-16 客户投诉处理报告

<table>
<tr><td colspan="4">________经理：
本部门自____月____日接到客户投诉，已于____月____日办结，现将结果报告如下。
报告人（签章）：</td></tr>
<tr><td>投诉受理日期</td><td></td><td>投诉见证人</td><td></td></tr>
<tr><td>承诺办理日</td><td></td><td>实际办理日</td><td></td></tr>
<tr><td>承办人</td><td colspan="3"></td></tr>
<tr><td>投诉方式</td><td colspan="3">□邮件 □传真 □电话 □到访 □网络</td></tr>
<tr><td>投诉内容</td><td colspan="3">□服务态度 □服务品质 □其他</td></tr>
<tr><td>处理紧急程度</td><td colspan="3">□特急 □急 □普通</td></tr>
<tr><td>处理内容</td><td colspan="3"></td></tr>
<tr><td>处理费用</td><td colspan="3"></td></tr>
<tr><td>原因的调查会议</td><td colspan="3"></td></tr>
<tr><td>原因的调查人员</td><td colspan="3"></td></tr>
<tr><td>原因</td><td colspan="3">□偶发原因 □疏忽大意 □不可抗拒原因 □其他</td></tr>
<tr><td>记载事项</td><td colspan="3"></td></tr>
<tr><td>经验教训</td><td colspan="3"></td></tr>
</table>

体验活动

上网或到物流企业调研，收集企业中实际使用的客户投诉处理的相关表格，整理具有代表性的表格并贴在班级学习园地板报栏中。

____

____

（二）客户投诉业务的总结与分析

客户投诉分析是获得提升服务质量信息的重要途径，做好客户投诉分析，可以使企业从复杂而又具体的投诉中发现物流服务业务存在的问题，为改善服务质量、改进服务方式提供依据；同时客户投诉分析也可以帮助企业挖掘客户需求信息，使物流服务具有前瞻性和创新性。客户投诉分析主要包含以下工作内容。

（1）编制和填写“客户投诉受理月报表”，汇总月度发生的所有客户投诉业务。客户投诉部门根据客户投诉情况编写“客户投诉受理月报表”并上报客户服务主管审核。“客户投诉受理月报表”格式如表 5-17 所示。

（2）汇总客户投诉月报表数据，分析客户投诉内容。客户投诉月报表审核通过后，客户投诉专员对月报表的数据进行整理、汇总，并在客户投诉主管的领导下，对客户投诉数据进行分析。掌握投诉频发时间和投诉人群特征，了解投诉诉求和投诉解决情况；揭示投诉变

表 5－17　　客户投诉受理月报表

投诉日期	投诉单号	投诉对象									差错责任方		投诉问题							赔偿金额		投诉方式				备注
		客户服务部	送货员	站点操作部	资料录入员	清关组	财务部	营运部	销售部	其他	客户	物流公司	服务态度	货物坏损	货物差错	货物丢失	信息错误	清关延误	其他	运费	货损金额	电话	邮件	网络	上门	

化趋势，发现投诉集中的问题，明确责任部门。

（3）编制客户投诉分析报告，公布投诉数据分析结果。客户投诉专员根据投诉分析的结果编制“客户投诉分析报告”，并报客户服务主管审核。审核通过后，客户服务部门对企业各部门公布分析结果，并与各相关部门协调。

（4）制定服务改进措施，回访客户感受。相关部门根据“客户投诉分析报告”制定改进服务的各项措施，客户服务部门督促部门进行服务过程的整改，并对客户进行回访。最后整理客户评价，归档客户分析资料。

小贴士

投诉处理后的总结和反思

投诉处理后要及时进行总结和反思，勿使此类抱怨或投诉再发生。内容包括：发生投诉问题的客户名称、产生日期；抱怨与纠纷之背景、产生的原因，取得（公司内）何人的协助较能对事情有帮助；自投诉发生至今，以何种方式与客户接触；在处理投诉中，遇到了哪些障碍，如何处理的，效率是高是低；投诉处理有没有做到符合客户的希望；此次投诉对公司工作有何教训，如何整改；应该何时、采用何种方式对该投诉客户进行回访等。

体验活动

采访一家物流公司客户服务主管，了解该公司投诉问题主要集中在哪几个方面，该公司有没有对投诉问题进行分析和总结，这样做有何实际意义？

____

____

二、小组活动安排

（一）活动内容

按客户投诉处理及分析表单制作工作流程的要求填写各类表单，具体包括“客户投诉调查表”“客户投诉处理通知单”“客户投诉处理报告”“客户投诉月报表”等。客户投诉处理及分析表单制作工作流程如图5－4所示。

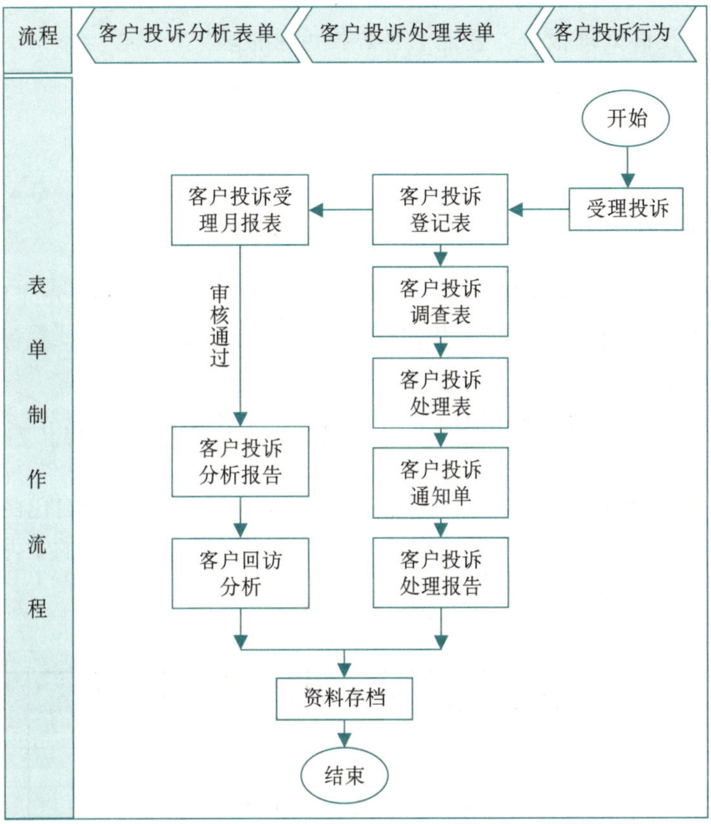

图5－4 客户投诉处理及分析表单制作工作流程

（二）活动要求

设计客户投诉调查和处理情景，填写各类表单。

（三）活动步骤

（1）任课教师根据任务导入的案例，设计客户投诉调查工作内容，并采用角色模拟的方法，让学生填写客户投诉调查表中“内部调查”部分的内容。

根据案例的提示，企业客户服务部门将对企业仓库部门、运输部门进行调查，并对客户的货物存放地和面粉损坏情况做实地勘测。企业内部的调查涉及：

①出货时是否有对货物进行检查。

②装卸搬运人员在作业过程中是否发现货物异常，有无提出异议。

③装运车辆的车厢内有无污物。

④运输当日天气如何？是否下大雨？

⑤运输途中有无异常？

对客户存放面粉的区域实地勘测，主要观察两个方面：

①客户存放面粉的区域是否干燥？有无积水？

②面粉发黄、结块程度？有无可继续使用的可能？

（2）任课教师设计投诉处理方案，请同学们确定“客户投诉处理通知单”的发送对象，并填写通知单内容。

（3）编写客户投诉处理报告，登记“客户投诉月报表”。

（4）讨论业务部门应该怎样改进服务避免此类事件再次发生。

任务评价

一、小组活动评价标准

组长负责评价每个组员的工作过程，量化评价标准，总分值为30分（见表5－18）。

（1）态度：用心完成活动任务，并找到自己的疑惑，提出问题；积极参与小组讨论，大胆阐明自己的观点。

（2）互助与合作：帮助组内其他成员解决问题，与小组成员一起分享资源、观点，分担任务和责任。

（3）倾听：认真倾听他人的观点，并能针对其他成员的观点提出自己的观点与见解。

（4）展示与效果：各小组派代表发言，全面、准确汇报小组共同的学习成果。

表5－18　　小组成员评价表

小组名称：____________　　　　组长：________

小组成员	态度（5分）	互助与合作（10分）	倾听（5分）	展示与效果（10分）

二、教师评价标准

教师负责评价每组的任务完成情况，量化评价标准，对工作结果进行评价。总分值最高为70分（见表5－19）。

表5－19　　小组学习评价指标

序号	评价指标	分值（分）
1	能在规定时间内小组合作完成工作任务，顺利展示。表达能力较好，逻辑性强，观点正确，有一定创新	60～70
2	能在规定时间内完成工作任务，能做展示。有自己的观点，表述清楚	50～59
3	在教师或其他组的帮助下完成工作任务，有展示	40～49

三、教师点评

教师对各组活动进行点评、打分，每个学生最后得分为组内成员评价分值加上所在小组分值。

拓展提升

物流客户投诉处理中的证据管理

伴随着客户投诉处理方案的形成，在客户投诉调查、协商处理等工作过程中，各类资料及记录陆续生成，这些记录被称为证据。客户投诉证据能证明事实的客观存在，昭示着投诉事件的真相，有利于界定责任；并指导或指引着下一步骤或环节的工作，为后期的投诉事件总结和反思提供帮助。因此在投诉处理过程中，收集案例证据，并在投诉处理表单中呈现这些证据，对处理客户投诉格外重要。

所以客服人员在管理投诉事件中，应该注意收集以下证据：

（1）工作单。工作单能证明业务关系的存在，以及企业的义务。所以工作单委托联必须有委托人签字，签收联必须有收货人签名并返回委托方。

（2）与业务作业过程相关的各部门或单位，如航空、铁路、零担公司、网络公司等出具的，并加盖公章的事故情况说明和破损证明。

（3）运费结算账单。该单由客户签字盖章确认后留存，主要证明费用产生的事实。

（4）公路委托书及零担公司的货物托运单。它证明企业与零担公司间存在的运输关系。

（5）铁路及航空运单。它证明企业与航空公司和铁路间存在的运输关系。

（6）航空、铁路及零担公司出具的相关证明。

（7）保险登记表。证明保险关系成立，即此可以进入保险理赔程序。

（8）事故说明。当事人书写的事件详情，证明事实存在；事故证明也可请他人代写，由当事人签名确认。

（9）照片。对现场货物进行的拍照，证实货物的真实状态。

（10）涉及投诉事件的相关其他证据。

巩固提高

一、填空题

1. ________是客户将其在接受客户服务的过程中所感受到的不满意向有关部门申诉的行为。

2. 客户投诉处理方案的执行涉及企业内部多个部门，向各个部门分发________________，确保相关部门按统一的尺度和要求处理客户的投诉问题，以保证客户的利益，树立信守承诺的企业形象。

3. 客户服务人员接待投诉客户，应做好详细的投诉记录，记录投诉的________、________、________、________、________和惩罚措施等，不可凭一时的记忆草率处理问题。

二、单项选择题

1. 客户：我的货已经发出去7天了，接货人还没有收到，你们是怎么服务的？你们要赔偿我损失！（　　）

客服人员：________

A. 您好，您不要着急，我们一定会赔偿您损失的

B. 对不起，我明白这给您带来很多不便。您请坐，先喝杯水。我马上为您调查货物的情况，并尽快给您一个答复

C. 这是不可能的，一定是你运单收货地址填错了吧

D. 您好，你这么生气也不起作用，先调查清楚再说吧

2. 客户：我是老顾客了，还收我这么贵的运费，下次我不会再来了。（　　）

客服人员：________

A. ××先生/小姐，首先对我司考虑不周的地方请您多多谅解，我刚才已经调阅您的客户档案，经过这次订单后，您的消费额已经达到VIP客户标准，下个订单中，您可以享受九折优惠，希望得到您的支持和谅解

B. ××先生/小姐，你这次还不是VIP客户，所以不能享受优惠

C. 这个定价是公司统一制定的标准，您自己对照一下吧

D. ××先生/小姐，我们公司大客户有好多，他们的业务量大多了

3. 客户：刚才那个发货员是什么态度！你们经理是谁，快给我叫过来，让那个发货员给我道歉！（　　）

客服人员：________

A. ××先生/小姐，您先坐下来消消气。我是客服部主管，马上为您调查此事，如果确定像您说的那样，我们公司会满足您的要求，对此造成的不便我在这里向您道歉，请多多包涵

B. 我们经理不在，请您等一下

C. ××先生/小姐，我马上去找那个发货员和经理

D. ××先生/小姐，这件事不用找经理，这事交给我吧

三、多项选择题

1. 客户投诉处理的原则包括（　　）等内容。

A. 倾听　　B. 及时处理

C. 记录　　D. 明确责任

E. 公平

2. 关于处理客户投诉，以下（　　）选项是正确的。

A. 客户永远不可能有错误，投诉的内容必定都是真实的
B. 处理投诉时，说话不触及个人，回避客户忌讳的问题
C. 对事不对人，勇于道歉和承担责任
D. 礼貌地重复，明确客户投诉信息
E. 充满诚意地征求对方意见，不要施舍，不下最后通牒

3. 客户投诉的答复方式有（　　）。

A. 不答复　　B. 立即答复
C. 转移答复　　D. 延期答复

4. 下各项中表述正确的是（　　）。

A. 客户投诉都是不同的，不需要汇总和分析
B. 开展客户投诉调查是为了让客户看到我们对投诉的重视
C. 开展客户投诉调查需要认真填写客户投诉调查表
D. 做好客户投诉分析，有助于企业发现物流服务中存在的问题

四、判断题

1. 对待不讲道理的客户，要做到不卑不亢，冷若冰霜。（　　）

2. 分析客户投诉事件，判断问题产生的原因。对于不成立的投诉，或不属于企业责任的事件，婉转地答复客户，取得客户的谅解，消除误会。（　　）

3. 客户漫无边际地表述或者长时间喋喋不休地指责企业时，客服人员应在适时表达理解、同情之时，用合适的语言将客户引导到投诉主题上来。（　　）

4. 客户投诉的目的是获得补偿。（　　）

五、简答题

1. 简述受理客户投诉阶段的工作内容。
2. 简述客户投诉处理各阶段的工作内容。
3. 客户投诉分析主要包含哪些工作内容?

六、案例分析题

案例1

金辉物流公司这一天迎来一位投诉的客户李先生，小王负责接待了这位客户。李先生称10月4日通过金辉公司从长沙运输3箱某品牌红葡萄酒给武汉的收货人，当时该金辉物流承诺三天内送货上门给收货人，10月6日，金辉物流公司告知李先生其中有一箱红酒内红酒大部分已被打碎，于是李先生来到金辉物流公司投诉，要求赔偿打碎的红酒和延误送达费用共1 000元。

（1）如果你是小王，该如何安抚这位李先生?

（2）给出处理该投诉的意见。

案例 2

某公司客户近期接到两件客户因送货人员服务态度不佳引发的投诉事件。经调查了解，2013 年 12 月，由于双 12 送货量激增，送货员在送货给客户时显得很没有耐心，不停督促对方签收，并拒绝配合开箱验货，引发客户不满。另外，2014 年 1 月 ，公司负责包装的工作人员与客户沟通不当发生争执，这位工作人员甚至辱骂客户，虽然最后经过调解后，向客户道歉，但客户决定不考虑以后与公司合作。

（1）试分析投诉事件产生的原因，背后所反映出什么问题？

（2）该如何改进？

项目六
6 关注客户满意　维护客户关系

思政目标

学会尊重和关心他人，确立优势互补、和谐共赢的合作理念。

知识目标

1. 理解客户满意度调查的重要性及客户满意层次。

2. 熟记客户满意度调查的内容，理解客户满意度调查的方法及其特点。

3. 知道客户关系管理的内涵，熟记重点客户关系维护的措施。

技能目标

1. 能拟定简单的客户满意度调查提纲。

2. 会设计简单的客户满意度调查问卷并实施问卷调查。

3. 能以电子邮件的方式向客户发送提案通知。

素养目标

提高捕捉客户需求的敏感度，具备分析和捕捉客户需求的能力。

任务一 调查客户满意程度

思政案例
践行人类命运共同体理念的中国担当

任务描述

长海物流公司的近期业务量下降，有明显的客户流失迹象，客户的不满情绪越来越严重。通过查阅客户投诉处理记录，客服部经理初步了解到客户不满来自服务项目单一和服务人员作业过程的"淡定"。于是客服部经理决定采用问卷调查方式进行深入的调查，并将调查问卷的设计工作交给了汪海。汪海该如何设计客户满意度调查问卷呢？

任务目标

1. 能说出客户满意的重要性和客户满意层次。
2. 掌握客户满意调查的内容和四种调查方法的特点。
3. 掌握客户满意调查的流程，能设计简单的客户满意调查问卷。

任务实施

一、知识准备

客户满意度的层次分析

（一）客户满意度的层次

1. 客户满意的含义

客户满意是指客户对产品或服务可感知的效果（或结果）与期望值相比较后，所形成的愉悦或失望的感觉状态。客户满意程度取决于客户可感知效果和期望值之间的差异，如果可感知效果低于期望，客户就会不满意；如果可感知效果与期望相匹配，客户就满意；如果可感知效果超过期望，客户就会非常满意，表现出欣喜或高兴。

客户满意程度是客户对企业提供的产品和服务的综合评价，表达了客户对企业的产品、员工服务的认可。企业向客户提供超过其期望的产品或服务，使客户在每一次的合作过程中都能收获满意，这样能增强客户对企业的信任，从而帮助企业获得长期的盈利与发展。

小贴士

客户满意的意义

（1）客户满意度高有助于提高客户忠诚度。

（2）客户忠诚度提高5%，利润的上升幅度将达到25%～85%。

（3）非常满意的客户的合作意愿将是满意客户的6倍。

（4）93%的CEO认为客户满意是企业成功和更富竞争力的最重要的因素。

2. 物流企业客户满意的层次

（1）从横向看，物流企业客户满意度包括四个方面的内容，如图6－1所示。

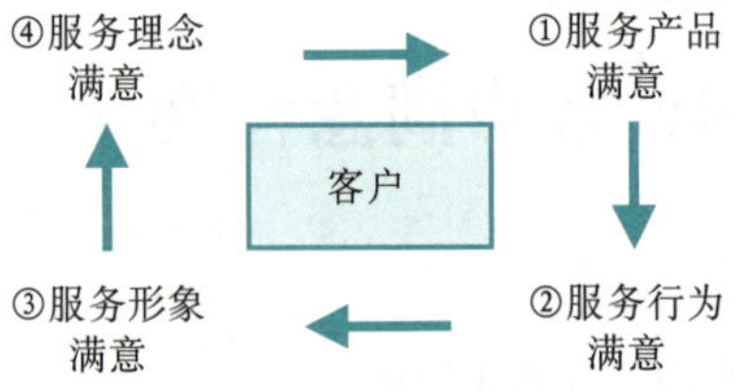

图6－1　客户满意横向层次

①服务产品满意。服务产品满意是指物流企业服务产品带给客户的心理满足状态，它涉及物流服务的质量、服务的完整性和方便性、服务收费等方面，如运输的及时性、仓储保管的安全性、服务的无差错性等。

②服务行为满意。服务行为满意是指物流企业的全部运行状况带给客户的心理满足状态，它涉及行为机制、行为规则、情绪和环境等方面，如服务人员行为标准、语言标准，服务态度以及对客服人员的管理和考核等。

③服务形象满意。服务形象满意是指物流企业可视性和可听性的形象带给客户的满足程

度，如物流企业的品牌效应、公众形象、亲和程度。可听性涉及企业的名称、口号、广告语等；可视性则涉及企业的标志、标准字、标准色等。

④服务理念满意。服务理念满意是指物流企业经营理念带给客户的心理满足状态，它涉及企业经营哲学、服务宗旨、价值观念和企业文化等方面。

体验活动

搜索联邦快递公司的 Logo 及相关资料，想想联邦快递公司的物流服务及其 Logo 向你传递了什么信息？

____

____

____

（2）从纵向层次上，物流企业客户满意度可以分为三个逐层递进的满意层次。

①物质满意层。物质满意层是指客户对企业服务产品的核心功能的满意状况，如客户对物流服务的及时性，物流作业中商品的完好性等基本服务要素所产生的满意度。

②精神满意层。精神满意层是指物流企业的产品给客户带来的精神、心理等方面的满足状况，如客户精神上的享受、心理上的愉悦、价值观念的实现、身份的变化等。

③社会满意层。社会满意层是指客户整体（社会公众）对企业产品或服务的认可、满意程度，它要求物流企业产品或服务、经营理念和企业文化，具有维护社会整体利益的道德价值和生态价值的功能，被社会公众接纳、认同。

体验活动

搜索网上超载、超高运输视频资料，观察市内货车限行道路上出现的大货车，分析这些运输车辆对城市道路交通造成的不良影响，以及社会对这些企业的认可和满意程度。

____

____

____

（二）客户满意度调查

1. 客户满意度调查的作用

（1）测定企业的服务质量水平，分析与竞争对手之间的差距。

（2）了解客户的想法，明确顾客的需要、需求和期望。

（3）把握商业机会，制定质量改进措施，明确经营发展战略目标。

2. 客户满意度调查的内容

客户满意度调查的内容应该围绕客户的需求展开，客户要求的服务质量、重视的服务指标是企业客户满意度调查的重要内容。一般来讲，客户从服务产品、服务行为、服务的经济性和企业形象四个方面评价企业的物流服务，那么企业也应从这四个方面开展客户满意程度调查。

（1）服务产品。对物流企业服务产品开展满意度调查，主要涉及服务项目的品质、功能、便利性、创新性和价格等方面，如交货期的长短、交货时间的一致性，运输报关的安全性等。

（2）服务行为。对服务行为的满意度调查，主要涉及物流服务人员服务意识和态度、亲和力、沟通能力，以及快速响应能力等方面，通过调查了解物流企业服务人员是否能积极、主动解决客户的问题或难题，反映员工对企业服务理念的执行情况。

（3）服务的经济性。对服务的经济性满意度调查主要指客户交易条件，如付款期限、付款方式等。

（4）企业形象。对企业形象的满意度调查主要涉及企业品牌和社会贡献等方面，如客户联系本企业的渠道、企业品牌知名度等。

表6－1内各项目摘自广州某物流公司客户满意度调查问卷，从表中的内容可以看出，客户满意调查中，服务产品和服务人员的工作状况是客户满意度调查的重要内容。

表6－1　某物流公司客户满意度调查项目

项目	子目	评分
作业质量	1. 严格按照单货相符要求完成交货	
	2. 严格遵守时间完成取货作业	
	3. 严格遵守时间完成交货作业	
	4. 严格按照要求进行零件运输防护	
	5. 严格按照要求进行容器运输防护	
	6. 严格按照单货相符要求完成容器返空作业	
	7. 严格遵守时间完成容器返空作业	
配合度	8. 运输车辆满足要求	
	9. 运输司机遵守取货和交货要求	
	10. 车辆运输安全措施有效及管控到位	
	11. 准时提交日常营运数据	
改善能力	12. 快速妥当处理异常及紧急情况	
	13. 服务改善效果好，措施有力	
	14. 积极发现问题，并不断改善	
服务人员面貌	15. 服务人员热情有礼	
	16. 服务人员主动沟通相关信息	
	17. 服务人员快速响应各类问题	
	18. 服务人员具备专业解答能力	
	19. 服务人员遵守承诺、守时守信	
	20. 服务人员乐于帮助客户解决问题	

3. 客户满意度调查的方法

常用的顾客满意度调查方法主要有问卷调查、电话及上门访问、小组座谈以及网络调查等方法，各种调查方法的特点如表6－2所示。其中问卷调查和网络调查的内容全面、涉及面广，但都需要设计专门的调查表。电话调查和小组座谈是对特定客户群进行的调查，调查提纲则是贯穿交谈过程的重要文件。

表 6－2 客户满意度调查方法

调查方式	实施办法	调查对象	优缺点分析
问卷调查	设计调查问卷，随机或选择性发放问卷，并向调查对象赠送礼物	现实客户及潜在客户	优点：调查内容系统全面，信息量大 缺点：调查成本高，问卷回收困难
电话及上门访问	拟定访谈话题，选定恰当的通话时间	过去的客户，或其中的投诉客户	优点：问题明确，不会产生歧义，调查时间短、效率高 缺点：调查时间短，获得信息量小
小组座谈	选择合适的环境和地点，邀请相关人员，确定座谈主题	重要客户的中高层管理人员、行业专家	优点：深度访谈，获得理论指导 缺点：调查涉及范围不够宽泛
网络调查	在专业网站上刊登调查问卷，设定统计程序，让调查对象直接填写并提交	具备上网能力的现实客户或潜在客户	优点：成本低，数据分析及时 缺点：问卷回收难度大，需要调查对象的主动配合

（三）客户满意度调查工作流程

客户满意度调查工作主要由客户调查主管和客户调查专员来完成，它由调查准备、调查实施和调查结果三个环节构成。具体内容如图 6－2 所示。

1. 选定客户满意度调查内容

尽管客户满意度调查内容涉及服务产品、服务行为、服务形象等方面，但每次客户满意度调查的侧重点都有所不同。企业往往根据市场竞争状况，结合物流服务中存在的问题有针对性地选择调查项目和内容。如当投诉业务增加时，企业应选定物流服务流程、员工作业规范等内容进行满意度调查；当企业出现客户流失时，企业则应选择服务项目、服务价格和竞争对手的服务等内容开展满意度调查。

2. 制订客户满意度调查计划

客户满意度调查的计划主要涉及调查对象、调查时间、调查步骤、调查方法等内容，应确定向谁获取信息、何时收齐资料，采用什么方法获取资料等。

3. 设计客户调查问卷和调查提纲

（1）设计调查问卷。设计调查问卷是问卷调查的核心工作，是对调查内容的细化，调查问卷的格式、文字要求在项目二中已经做过详细的介绍，不再赘述，本处重点介绍对客户满意度调查内容的设计。客户满意度调查问卷在内容上应汇集客户最关注和期望的问题，通过这些问题的答案，企业能主动掌握客户的期望、感知、满意程度、抱怨之处以及客户忠诚等问题，所以客户满意度调查问卷应能反映以下内容。

①客户对服务的期望。了解客户对物流服务的期望，可从对服务总体质量的期望、对服务需求满足程度的期望和对服务可靠性的期望三个方面考虑，这些提问能帮助企业了解客户对物流服务的要求，掌握客户重点关注的服务要素。小贴士中的问题 1 就反映出客户选择物流服务时的期望和偏好，问题 2 则可以反映出客户对服务需求的满足程度。

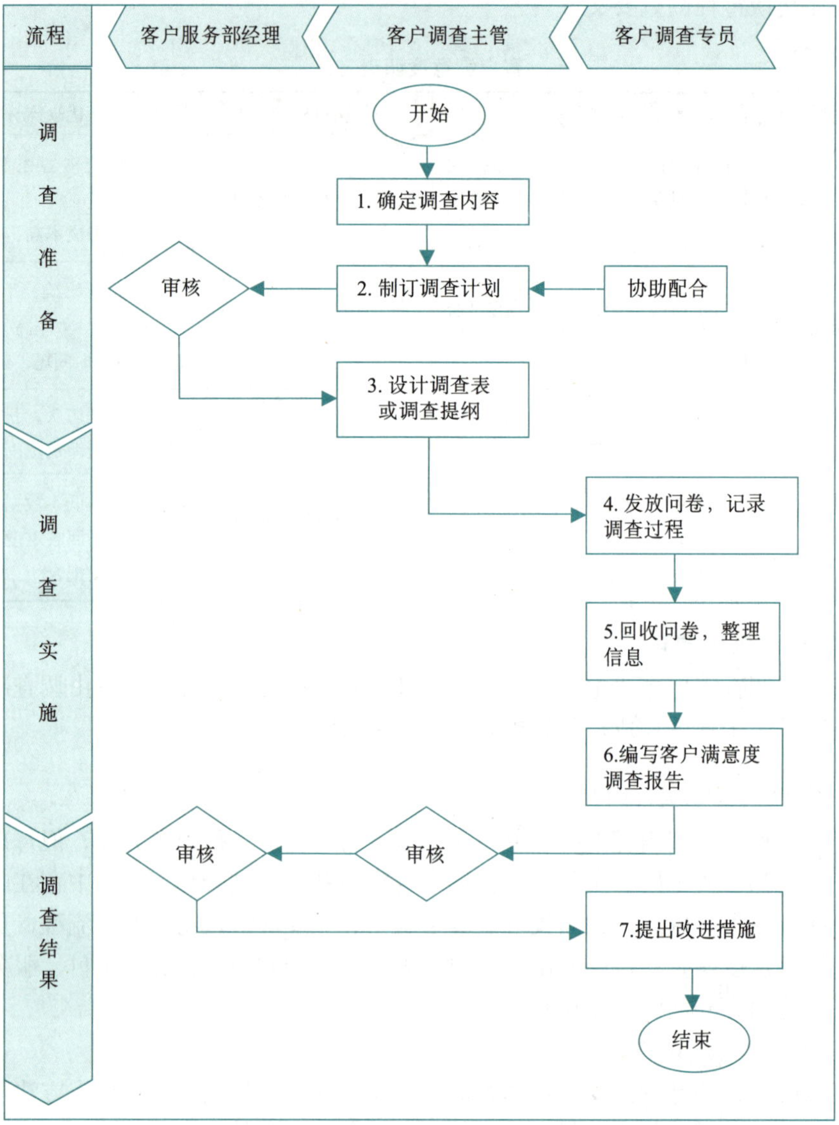

图 6－2　客户满意度调查工作流程

小贴士

反映客户期望的提问

1. 请您对下列要素的关注度排序，并填列__________。

A. 价格　　B. 时限

C. 安全　　D. 方便

E. 准时　　F. 信誉

2. 贵司选择本公司快递服务的理由是（可多选）（ ）。

A. 长期良好的合作关系 B. 供应商/客户/合作伙伴的推荐

C. 服务品牌 D. 服务适用性

E. 服务稳定性 F. 便利性

G. 运价具有吸引力 H. 运输配送具有竞争力

②客户对服务质量的感知。了解客户对服务质量的感知和评价，也可从服务总体质量、服务需求满足程度和服务可靠性三个方面考虑，其中最关键的问题是将客户感知和评价进行量化，用等级或数据展现客户对服务质量、服务需求满足能力的认可。

小贴士

反映客户质量感知的提问

大项	小项	评分（N/A为不评价，10分为最高分，1分为最低分）										
作业质量	1.严格遵守时间完成取货作业	□N/A	□10	□9	□8	□7	□6	□5	□4	□3	□2	□1
	2.严格遵守时间完成交货作业	□N/A	□10	□9	□8	□7	□6	□5	□4	□3	□2	□1
	3.严格遵守时间完成容器返空作业	□N/A	□10	□9	□8	□7	□6	□5	□4	□3	□2	□1
	4.严格按照单货相符完成交货	□N/A	□10	□9	□8	□7	□6	□5	□4	□3	□2	□1
	5.严格按照单货相符完成容器返空	□N/A	□10	□9	□8	□7	□6	□5	□4	□3	□2	□1
	6.严格按照要求进行零件运输防护	□N/A	□10	□9	□8	□7	□6	□5	□4	□3	□2	□1
	7.严格按照要求进行容器运输防护	□N/A	□10	□9	□8	□7	□6	□5	□4	□3	□2	□1

③客户对价值的感知。客户对价值的感知与价格有关，但价格因素也不能完全反映客户感知的价值。因而在设计调查问题时，应在给定的价格条件下，询问客户对质量级别的评价，或在给定的质量条件下，询问客户对价格的评价。

小贴士

反映客户价值感知的提问

1. 本公司快递服务的价格水平与您的定位（ ）。

A. 一致 B. 基本一致

C. 部分一致 D. 有差距

2. 基于相同的物流服务，本公司的运价（ ）。

A. 过高 B. 略高

C. 一般 D. 过低

3. 您对本公司价格体系的意见和建议____________________。

④ 客户满意度和忠诚度。客户满意度和客户忠诚度是调查问卷的重点内容，是企业调查的目的所在。反映客户满意度的问题主要涉及客户对企业服务的总体评价、满意程度的量

化等，而反映客户忠诚度的问题涉及客户选择本企业的原因和再次合作的意愿。

小贴士

反映客户满意度的提问

1. 您对本公司物流/快递最不满意的地方是（　　）。

A. 配送　　B. 价格

C. 赔付　　D. 时限

E 安全　　F. 售后

如果有其他，请列明＿＿＿＿＿＿

2. 将所有因素考虑在内，您觉得我们的总体服务水平如何？（　　）

A. 25%　　B. 50%

C. 80%　　D. 60%

其他请列出＿＿＿＿＿＿。

3．基于您个人经历或贵司与物流供应商合作情况，请依次排出三家您最喜欢的物流公司。

第一名：＿＿＿＿　第二名：＿＿＿＿　第三名：＿＿＿＿

体验活动

你能拟定两个反映客户忠诚度的问题吗？试一试。

＿＿＿＿＿＿＿＿＿＿＿＿＿＿＿＿＿＿＿＿＿＿＿＿＿＿＿＿＿＿

＿＿＿＿＿＿＿＿＿＿＿＿＿＿＿＿＿＿＿＿＿＿＿＿＿＿＿＿＿＿

（2）拟定调查提纲。企业采用客户座谈、电话调查和上门拜访等方式调查客户满意度时，应拟定调查提纲。客户调查提纲是指导调查工作有序进行的指导性文件，其主要内容有：

① 调查的目的；

②客户访谈的话题以及话题讨论的顺序；

③各话题的目的，必须获得的信息；

④各话题的主要问询对象；

⑤主持人（或电话调查者或拜访者）的串词。

4. 实施调查

不同的客户满意调查方式有不同的特点和难度，因而调查过程中有不同的控制要点。

（1）问卷调查和网上调查的控制点在于问卷的回收，向被调查者赠送礼品、提供价格优惠等办法能有助于问卷的充分回收。

（2）电话访谈调查中，捕捉对方感受，回应客户心理需求是打开调查局面、保证话题得以深入的好办法。

（3）上门拜访调查中，以专业、敬业的姿态，与被访谈人在同一平台上交谈是深度沟通、获得客户满意度信息的前提。

（4）小组座谈调查方式中，邀请资深专业人士和客户管理层人员参与座谈，控制座谈局面能保证访谈取得有价值的信息。

5. 整理调查数据，编写客户满意度调查报告

通过调查活动获得的客户满意的原始信息是分散的、零散的，是各调查对象对企业服务质量的个体评价。为综合、客观评价企业的物流服务，必须对这些资料进行整理和汇总，并形成客户满意度调查报告。客户满意度调查报告是对调查结果所做的书面文字总结，它反映客户对企业物流服务满意程度的级次，是企业改进服务质量、加强服务管理、制定管理措施的依据。客户满意度调查报告的内容由调查要素、调查结果和调查结果分析与建议等部分组成，具体内容如表 6－3 所示。

表 6－3　　客户满意度调查报告的构成

调查基本情况	调查背景		
	调查目的		
	调查时间		
	调查方式		
	调查对象分析	企业类型结构	
		企业规模结构	
		业务量大小	
调查结果统计	服务产品功能满意度		
	服务质量满意度		
	服务价格满意度		
	服务态度满意度		
	投诉处理满意度		
	服务水平满意度		
客户满意度调查结果分析：			
客户意见或建议：			
改进物流服务的建议或措施：			

体验活动

上网搜索“物流企业客户满意度调查报告”，阅读其中的一份，了解客户满意度调查报告的内容构成。

二、小组活动安排

（一）活动内容

设计客户满意度调查问卷。

（二）活动要求

（1）格式合理、文字通俗、语句通顺、意图清晰。

（2）调查问卷应反映以下问题：

①本企业的物流服务项目满足客户需求的程度。

②客户对增值服务的满意程度，还需要什么服务？

③客户对本企业物流服务人员专业能力的认可程度。

④客户对本企业服务理念执行情况的感知。

⑤客户对本企业的偏好，是否具有对本企业的忠诚度。

（三）活动步骤

（1）明确客户满意度调查的具体内容。

通过分析任务，把“服务产品能否满足客户的需求”和“企业员工的服务意识和技能”作为本次调查的主题。

（2）拟定调查问题。

①采用头脑风暴法激发学生分析服务项目单一的症状，及客户对此的感受，由此引导学生思考、拟定问卷问题。

②分析“作业过程淡定”文字的潜台词，告诉学生：企业的作业人员在作业过程中存在着漫不经心、服务意识不强、服务不主动等问题，要求学生据此拟定调查问题。

（3）回顾调查问卷的格式要求。

（4）学生分组编写调查问卷草稿。

（四）成果展示

（1）分组展示调查问卷草稿，并派代表解说问卷内容。

（2）汇总各组意见和问题，形成最佳调查问卷。

任务评价

一、小组活动评价标准

组长负责评价每个组员的工作过程，量化评价标准，总分值为 30 分（见表 6 -4）。

（1）态度：用心完成自学任务，并找到自己的疑惑，提出问题；积极参与小组讨论，大胆阐明自己的观点。

（2）互助与合作：帮助组内其他成员解决问题，与小组成员一起分享资源、观点，分担任务和责任。

（3）倾听：认真倾听他人的观点，并能针对其他成员的观点提出自己的观点与见解。

（4）展示与效果：各小组派代表发言，全面、准确汇报小组共同的学习成果。

表 6-4　　小组成员评价表

小组名称：________　　组长：________

小组成员	态度（5 分）	互助与合作（10 分）	倾听（5 分）	展示与效果（10 分）

二、教师评价标准

教师负责评价每组的任务完成情况，量化评价标准，对工作结果进行评价。总分值最高为 70 分（见表 6-5）。

表 6-5　　小组学习评价指标

序号	评价指标	分值（分）
1	能在规定时间内小组合作完成工作任务，顺利展示。观点新颖，客户满意度调查表内容全面；表述清晰、语言生动	60～70
2	能在规定时间内完成工作任务，客户满意度调查表内容比较全面；能做展示。有自己的观点，表述清楚	50～59
3	在教师或其他组的帮助下完成工作任务，有展示	40～49

三、教师点评

教师对各组活动进行点评，打分，每个学生最后得分为组内成员评价分值加上所在小组分值。

拓展提升

客户满意度调查报告的编写

一、客户满意度调查报告的构成

客户满意度调查报告在内容上由调查基本情况、调查统计结果和建议或措施三部分组成，在格式上则可安排调查基本情况说明、总结分析和意见或建议三个部分。

二、客户满意度调查报告的编写

（一）调查基本情况说明

调查基本情况说明包含两部分，一是调查对象、时间、问卷数量等基本情况的说明，例如小贴士“某快递公司客户满意度调查报告（调查情况说明部分）”。二是影响调查结果的因素，如经济情况、市场需求、人员安排等，报告中应简要说明这些背景因素对调查结果的影响。

小贴士

某快递公司客户满意度调查报告（调查情况说明部分）

二、调查基本情况说明

（1）调查方式：本次调查采用了问卷调查法，发放问卷50份，收回问卷40份，其中有效问卷39份，无效问卷1份。

（2）调查区域：江岸区三阳广场及商业街。

（3）调查日期：2011年8月4日、8月5日。

（4）调查对象：企业商户、网购人群。

（5）调查过程：先了解客户对申通快递的熟悉程度，然后发放问卷；调查客户的满意度。

（二）总结分析

1. 统计数据的形成

对客户进行调查后，将获得第一手原始资料，对这些资料进行整理分析，形成完整的客户满意度认知，是重要的后续工作。对客户满意度调查资料进行分析需经历三个步骤。

（1）根据调查目的对调查问卷进行分类。在调查中，调查者可能会对客户做一个简单的分类性调查，根据客户的答案将客户分为不同的类别，然后向不同类别的客户提出不同的问题，如某些快递企业开展客户满意度调查时，会先将客户分为企业客户和网购客户，然后将客户提交的问卷分成企业客户和网购客户两类，分别进行汇总。

（2）逐题汇总客户选项，计算不同选项所占比重。实际工作中，调查机构通常采用划“正”字的方法汇总客户的选项，然后计算比重指标，反映客户在不同选项的分布。调查问卷的统计可借助“客户满意度调查问卷汇总表”（见表6－6）来完成，其中“次数”是某个选项被勾选的次数，“总次数”则是各选项次数的合计，在数值上等于有效问卷的数量。“比重”则是一个相对数，是各选项下的“次数”与“总次数”的比，计算公式如下：

各选项的比重 = 该选项下的次数值/ 总次数 ×100%

表6－6　　客户满意度调查问卷汇总表

客户类别________

选项 / 题号	选项1		选项2		选项3		选项4		合计	
	次数	比重（%）	次数	比重（%）	次数	比重（%）	次数	比重（%）	总次数	比重（%）
第1题										100
第2题										100

（3）运用办公软件绘制图形，展示分析结果。在调查问卷的汇总工作中，办公软件Excel是不能不用的高效工具。将汇总数据录入Excel表格中，选择合适的图形，如柱状图或饼形图等，即可用图形展示分类统计结果。

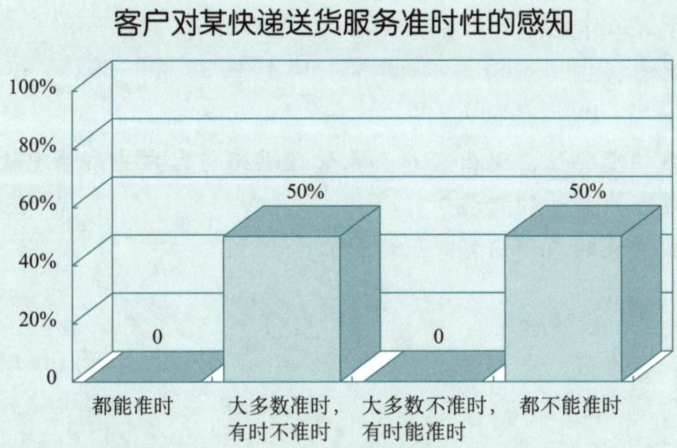

2. 数据分析

数据分析是对客户选项的集中状况所做的简略说明，它反映客户对物流服务某个方面的感知程度和评价，是客户满意度总体评价结果的支撑。

（三）调查结果及改进措施

调查结果是对问卷问题的答案进行综合分析后得出的结论，它揭示客户对企业物流服务的满意程度，企业服务中存在的问题以及改进措施。

小贴士

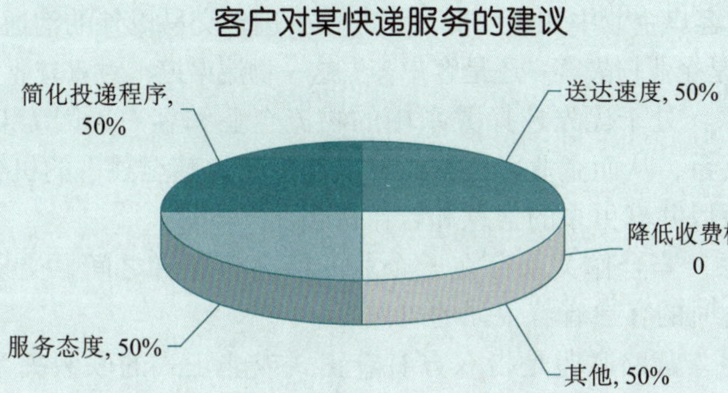

任务二 维护物流客户关系

任务描述

为拉近公司与客户的关系，进一步优化企业物流服务，改进服务质量，长海物流公司决定向客户征集提案，通过客户提案了解企业服务中存在的问题。这项工作归属于客户关系主管范林，他选定了五家有实力的重点客户，打算向其征集提案。范林将前期准备工作交给了汪海，汪海该做些什么工作呢？

任务目标

1. 知晓客户关系的重要性，说出客户关系管理思想与客户关系管理软件之间的联系。
2. 知晓维护重要客户关系的措施。
3. 知晓客户提案管理的工作内容。

任务实施

一、知识准备

（一）客户关系管理的重要作用

1. 物流客户关系的含义

客户关系是指企业基于经营目标，主动与客户建立起的联系。这种联系因客户价值、市场需求等因素的不同而各异，可能是单纯的交易关系，也可能是合作伙伴关系，还可能是双方缔结的战略联盟关系。客户关系具有多样性、差异性、持续性、竞争性以及双赢性的特征，它既可以为交易双方提供方便，节约交易成本，也可以为企业深入理解客户的需求、交流信息提供机会。企业与客户之间的关系，按合作的深度与范围的不同可以分为以下四个层次。

（1）买卖关系。企业与其客户之间的关系维持在买卖关系水平，客户将企业作为一个普通的服务商，合作过程被认为仅仅是一次公平交易，交易目的简单。企业与客户之间只有低层次的人员接触，企业在客户企业中知名度低，双方较少进行交易以外的沟通，客户信息极为有限。就双方而言，无论是企业损失客户还是客户丧失这一物流渠道，对双方业务并无太大影响。

（2）优先供应关系。处于优先选择关系中的物流企业和客户，因为双方企业中的许多关键人物都有良好的关系，从而企业可以获得许多优先的，甚至独占的机会；客户对企业的忠诚，使企业与客户可以共享更多的信息和合作机会。

（3）合作伙伴关系。当合作关系存在于企业的最高管理者之间，交易长期化时，双方进入合作伙伴阶段，此时的客户有着很强的忠诚度。

（4）战略联盟关系。战略联盟是指双方有着正式或非正式的联盟关系，双方的目标和愿景高度一致，可能有相互的股权关系或合资项目。在这种市场格局下，竞争不再只存在于企业与企业，更是一个供应链体系与另一个供应链体系之间的竞争，供应商与客户之间的关系是“内部关系外部化”的体现。

体验活动

上网搜索宝供物流企业集团有限公司的资料，从该公司的成立、发展历程以及与宝洁公司的合作等方面分析两者之间的关系。

____

2. 客户关系管理的内涵

与客户建立长久的合作关系，减少客户流失，降低客户开发成本是每个企业的良好意愿，如何才能提升企业与客户之间的关系呢？客户关系管理的思想和软件系统成功地解决了这一问题。

客户关系管理（CRM）是一个不断了解客户需求、不断改进产品及服务，以满足客户需求、提高客户满意度与忠诚度的连续过程。

（1）客户关系管理首先是一种商业策略。客户关系管理源于“以客户为中心”的现代经营管理理念，在这种理念指导下企业经营活动的重心从“产品”转向“客户关系”，将客户视为企业重要的资产，不断地采取多种方式最大程度地接近客户，以便准确应对客户的新需求；同时对客户实施关怀，提高客户对企业的满意程度和忠诚度，发掘并牢牢把握住能给企业带来最大价值的客户群。“想客户所想”“客户的利益至高无上”“客户永远是对的”等营销口号就是这种观念的直观体现。

小贴士

你知道“4P”与“4C”吗

“4P”是传统营销理念的四个要素：产品、价格、渠道和促销，营销活动围绕产品的制造、定价、销售渠道建设和促销四个方面而展开，企业经营活动的中心是其产品。

“4C”是现代营销理念的四个要素：客户、成本、便利和沟通，营销活动围绕客户的需求、客户接受服务的成本、便利性和与客户互通信息四个方面展开，营销活动以客户为中心。

（2）客户关系管理的中心是客户关怀。客户关怀是客户关系管理的中心，其目的是增强客户满意度与忠诚度。对于物流企业而言，客户关怀贯穿了其物流服务的所有环节，即从客户售前、售中到售后体验的全部过程中。内容丰富的客户关怀能提高客户的满意程度，使之更长久地忠实于企业，并主动尝试企业更多的、价值更高的服务；而在客户关怀下建成的这支客户队伍会因高频率的合作使交易程序化，交易成本降低，进而忽略外界的竞争品牌及其广告。

（3）客户关系管理还是一个软件系统。提起客户关系管理，很多人会立刻想到客户关系管理软件，这是因为客户关系管理思想的贯彻、客户关怀的实现必须依托电子计算机技术和网络技术。首先，客户关系管理软件系统记录了大量的与客户相关的信息，如客户名称、规模以及与合作相关的客户重要管理人员、业务人员等。通过权限的分配，方便企业营销、售后、财务等部门的信息查阅和调用，消除部门之间的阻隔，同时避免因人员工作调动而导致的客户信息流失。其次，客户关系管理软件系统可记载各项与客户相关的工作进度，并通过智能系统在营销的各个阶段或关键时刻实时提醒，避免遗漏重要工作、遗失老客户、盲目寻找新客户等问题的产生。

3. 客户关系管理的作用

（1）能有效地提高客户满意度。客户关系管理致力于客户满意度的提高，这表现在：企业一切的营销活动及其管理制度的设置都以服务客户、方便客户为中心；通过呼叫中心等多种沟通渠道实现与客户无阻碍沟通，及时了解并有效解决来自外部客户的抱怨，主动化解客户的不满；通过服务管理为客户提供超出其期望的物流服务，记录客户数据并通过日程安排提醒客服人员主动为客户送去关怀。总之，客户关系管理的商业策略及各管理系统的功能无一不围绕着客户，集中体现着提高客户满意度的经营管理目标。

（2）提高企业工作效率，增强企业盈利能力。客户关系管理依靠先进的技术手段重组企业作业流程，有效整合客户信息资源，使信息资源在企业各部门之间实现共享，从而促进了各部门间工作的对接与配合，减少了劳动的重复与浪费；进而提高公司业务的运行效率，降低经营成本。

（3）能够规范企业及员工管理。客户关系管理能帮助员工和经理人清晰掌握自身的岗位职责、权限、资源、流程和工作规范，使之清楚界定维护客户关系、做好业务管理的相关事件和工作环节。在客户关系管理系统下，企业通过职责、资源、权限的划分以及数据的定期备份，有效地避免人员流动造成的损失；在人员流动时，管理者只需“轻点按键”即可完成工作任务的交接。

（二）维护客户关系的措施

维护客户关系，首先应评估客户关系。客户关系的评估是将企业与客户之间的合作发展趋势进行量化，确定未来企业与客户的合作关系的工作过程。客户关评估由客户信息调查、评估指标计算，以及评估结果的分级三个环节组成，它将企业与客户的关系划分为发展关系、维持关系和终止关系，最后根据评估结果制定不同客户的关系维护方案和措施。一般而言，与重点客户的关系需要深入发展，与一般客户的关系可以保持，对没有合作前景的客户则应终止关系。

1. 重点客户关系维护的措施

（1）优先满足重要客户的需求。重点客户的需求量大，所以客户关系专员应密切关注重点客户的经营状况，根据客户业务发展的需要提前做出判断，合理安排重点客户的运输、库存和加工等业务。当重点客户的需求与一般客户的需求发生冲突时，应优先考虑重点客户的需求。

（2）定期拜访客户。客户关系专员应制订对重点客户的拜访计划，定期了解其对物流服务的要求，了解其在经营过程中遭遇的库存、运输等物流难题。在拜访过程中如实记录并向上级提交客户的问题，跟踪其他部门对问题的解决情况。此外在企业高层之间的拜访活动中，客户关系专员应提供准确的客户信息，协调安排行程，做好高层拜访的后勤服务（具体内容见项目四任务三）。

（3）组织高层领导拜访客户，邀请客户参加座谈。组织高层领导拜访客户，邀请客户参加座谈，对企业来讲尤为重要。企业高层领导之间的拜访，有利于实现企业与客户之间在战略信息上的互通，有助于企业与客户的协调发展。在企业高层领导的拜访、邀请客户参加座谈活动中，通常按企业的最高规格招待来宾。

（4）定期征求客户提案。客户提案是指客户的意见和建议，企业建立客户提案管理制度的目的在于建立长久、健康的客户关系，树立良好的公司形象。开展客户提案管理，客户服务人员首先应向客户征集提案，其工作程序如下。

①拟定客户提案通知。

小贴士

客户提案通知的内容

（1）目的。
（2）提案内容和类别。
（3）提案收集时间。
（4）提案建议表的提交方式。
（5）提案处理流程。
（6）提案处理结果的通知时间、方式。
（7）提案成果分配方法。
（8）奖励办法。

②以电子邮件、信件、传真或上门的方式发出提案通知，邀请客户提出合理化建议，提供“客户提案建议表”。“客户提案建议表”的格式如表6－7所示。

表6－7　　客户提案建议表

编号：________　　　　填表日期：____年____月____日

改进项目				提案日期	
提案人		附表	共____张	附说明	共____页
当前问题					
提案建议					
提案利益（指提案所产生的好处，如利润增加额或成本降低额）					
备注					

③收集并上交提案。及时收取客户提交的提案建议书，用电话、短信或邮件等形式回复客户，表示感谢，电子邮件沟通技巧如表6－8所示。对于未能按时提交的客户，可采用邮件或短信形式提醒，但不可催促和要求。对于填写不完整的提案，可指导客户修改。对收齐的提案进行分类、编号、排序，提交客户关系主管。

表6－8　　电子邮件沟通技巧

内容	技巧
电子邮件格式	（1）要标注标题，标题是对邮件内容的高度概括
	（2）使用敬语，以示礼貌
	（3）重视落款，注明发信人的姓名、职位和联系方式

续表

内容	技巧
电子邮件正文	（1）对核心事件进行陈述
	（2）控制正文字数、内容明确、文字简明扼要
	（3）邮件若有附件，在正文中对附件内容进行概括，让客户更快地了解附件内容
	（4）正文尾部应对客户的回复、来电和合作表示感谢
后续操作	（1）对重要的沟通事项，在发送邮件后应电话提醒对方
	（2）对发送的邮件进行备份，以便后期检查和核对

④向客户发送提案处理通知。客户关系专员上交客户提案后，企业提案评审委员会将对提案进行审核，审核的结果有三种，即采用、保留和不采用。客户关系专员应及时将提案评审结果通知提案人，向提案人说明情况。在客户提案评审通知书中，对于采纳的提案，要说明实施的时间，改进的措施，并表示感谢；对保留的提案，应说明保留的原因和保留期限，表示歉意和感谢；对于不采用的提案，则要说清不采用的具体原因，表示感谢。

（5）馈赠礼品。在客户重大、喜庆的日子，或者节假日时间不定期向重要客户赠送礼品，表达企业对客户的感谢，从而与客户建立起良好的情感。

2. 一般客户关系维护的措施

一般客户关系维护的工作重点在于企业品牌的宣传，即通过客户参观、电话拜访、服务让利等方式拉近与客户的关系，并在一般客户中培养、选拔有合作前景的客户。

二、小组活动安排

（一）活动内容

（1）编写客户关系维护工作计划。

（2）拟定客户提案通知书，制作提案建议表，并向客户发送提案征集电子邮件；设计提案未被采用的回复函。

（二）活动要求

（1）根据维护客户关系措施的内容，参照表6－9的格式设计客户关系维护工作计划。

表6－9　　客户关系维护工作计划

时间安排	工作内容	工作形式	参与人员	工作负责人

具体要求：

①计划在内容上要有合作后的客户回访、与客户高层的沟通。

②计划应明确各项工作的内容、时间安排、工作形式和参与人员。

③体现公司对客户企业活动、重大庆典活动和客户企业重要决策人员特殊日子的关注。

（2）完成客户提案通知的准备工作。

具体要求：

①拟定客户提案通知书，要求内容完整，文字通顺，符合礼仪要求。

②拟定客户提案征集电子邮件，其沟通技巧如表6－9所示。

（3）制作关于客户提案通知书与提案建议表的压缩文件，发送电子邮件。

（4）编写客户提案评审结果的回函。

（三）活动步骤

（1）编写客户提案通知书，使用办公软件制作客户提案建议表。

（2）分组拟定电子邮件的内容。

（3）分组相互发送电子邮件，收件组对邮件及其内容进行评价。

（4）独立设计提案未被采用的回复函，并挑选最优函件。

任务评价

一、小组活动评价标准

组长负责评价每个组员的工作过程，量化评价标准，总分值为30分（见表6－10）。

（1）态度：用心完成自学任务，并找到自己的疑惑，提出问题；积极参与小组讨论，大胆阐明自己的观点。

（2）互助与合作：帮助组内其他成员解决问题，与小组成员一起分享资源、观点，分担任务和责任。

（3）倾听：认真倾听他人的观点，并能针对其他成员的观点提出自己的观点与见解。

（4）展示与效果：派代表小组发言，全面、准确汇报小组共同的学习成果。

表6－10　小组成员评价表

小组名称：＿＿＿＿＿＿　　组长：＿＿＿＿

小组成员	态度（5分）	互助与合作（10分）	倾听（5分）	展示与效果（10分）

二、教师评价标准

教师负责评价每组的任务完成情况，量化评价标准，对工作结果进行评价。总分值最高为70分（见表6－11）。

表 6-11　小组学习评价指标

序号	评价指标	分值（分）
1	能在规定时间内完成工作任务，顺利展示。内容全面，语句流畅，语意清晰，合乎礼仪要求；表述准确，团队合作性强	60～70
2	能完成工作任务，顺利展示。内容比较全面，语意比较清晰；表述清楚，团队有合作	50～59
3	在教师或其他组的帮助下完成工作任务，有展示	40～49

三、教师点评

教师对各组活动进行点评、打分，每个学生最后得分为组内成员评价分值加上所在小组分值。

拓展提升

网络客户的维护

一、网络客户维护的特点

1. 突破空间距离

网络远程客户服务可以节省维护人员大量等待和奔波的时间，做到迅速及时地满足客户需求。

2. 客户主动性强

借助互联网的方便沟通形式，客户可以利用多种方式随时向公司反映各种问题，寻求帮助，从而便于客服人员及时地了解客户的动态，发现更多合作机会。

3. 提高维护效率

客户服务部门借助网络完成部分客户拜访任务和远程服务工作，减少了由此产生的费用和时间，降低了维护成本。

体验活动

登录顺丰快递官网，进入网站在线客服功能模块，看看顺丰快递为客户提供了哪些服务和便利？

____

____

二、网络客户维护的办法

1. 售前网络客户维护工作

售前网络客户维护工作的主要内容有两个方面：一是定期发布与产品或服务有关的信

息；二是回复客户咨询，并记录客户问题。

（1）提供产品及服务信息。客户关系专员负责收集与产品和服务相关的最新信息，由网络部工作人员通过网络上传信息。

（2）回复客户。

①在工作时间内，及时回复客户的在线提问。

②客户在工作时间以外通过 BBS、电子邮件形式提出问题时，客户关系专员应在 24 小时内进行电话或邮件回复；对于不能即刻解决或答复的问题，客户关系专员应立即向主管汇报，并向客户保证回复的时间。

③在“网络客户服务日报表”中记录客户问题的处理过程，并上交客户关系主管。

2. 售中网络客户维护工作

（1）处理网络订货。客户服务部监督网络订单的生成，当客户有需求时，通过网络帮助客户完成自助订货及付款业务，在订货核实确认后，将订货信息交业部门进行处理。

（2）传输与服务有关的资料。当客户提出服务资料需求时，客户关系专员通过网络传输或采用邮寄方式向客户发送文件和资料，并通过电话确认收到的情况。

体验活动

登录顺丰快递官网，了解客户下单的途径，比较各种下单途径的优劣。

____

____

3. 售后网络客户维护工作

（1）利用网络主动拜访客户。客户关系专员采用电子邮件和网络即时通信工具主动与客户进行沟通、交流，实现拜访的目的。

（2）提供网络虚拟社区服务。在虚拟社区，对客户的评论进行分析，并及时与评论客户进行沟通，消除抱怨，对发现的问题及时给予解决。

（3）建设和管理常见问题解答库（FAQ）。客户服务部会同网络部建立、维护“常见问题解答库（FAQ）”，将常见问题的解决办法、工作程序图文并茂地显示出来，帮助客户按操作步骤的提示找到解决方案。

（4）向客户推荐产品。公司网络系统记录客户浏览和询问过的产品及服务项目，并推测客户的需求方向，当客户再次登录公司网页时，系统自动识别，向客户推荐合适的产品或服务。

（5）开展网络客户满意度调查。客户服务部定期开展网络客户满意度调查，编写客户满意度调查报告，客户服务经理据此制定改进措施。

体验活动

登录顺丰快递官网，了解一下客户专区的内容，看看顺丰快递为客户提供了哪些增值的服务？

____

____

巩固提高

一、填空题

1. 客户满意是指客户对产品或服务________（或结果）与________相比较后，所形成的愉悦或失望的感觉状态。

2. ________是指物流企业的可视性和可听性外在形象带给客户的满足程度。

3. 服务产品满意是指物流企业服务产品带给客户的心理满足状态，它涉及________、________和________、________等方面。

4. ________和________是对特定客户群进行的调查，________则是贯穿交谈过程的重要文件。

5. 客户满意度调查工作主要由客户调查主管和客户调查专员来完成，它由________、________和________三个环节构成。

二、判断题

1. 网络部工作人员负责收集与产品和服务相关的最新信息，由客户关系专员通过网络上传信息。（　　）

2. 设计调查问卷是问卷调查的核心工作。（　　）

3. 客户对价值的感知与价格有关，但价格因素也不能完全反映客户感知的价值。（　　）

4. 客户满意度调查报告在内容上由调查基本情况、调查统计结果和建议或措施三部分组成，在格式上则可安排调查基本情况说明、总结分析和意见或建议三个部分。（　　）

5. 客户关系管理源于“以客户为中心的”现代市场营销理念，是企业经营活动的中心从“产品”转向“客户”过程中产生的营销理念。（　　）

三、单项选择题

1. 若客户对产品或服务品质的评价（　　）原先的期待，客户会感到满意。

A. 小于　　　　B. 等于

C. 大于　　　　D. 大于或等于

2. 物流公司以（　　）为起点，通过超值服务这一途径，达到客户忠诚这一终极目标。

A. 重视客户　　B. 增强客户体验

C. 客户满意　　D. 客户关怀

3. 营销界有一个著名的等式：100 - 1 = 0，意思就是说即使有100个客户对企业满意，但只要有一个客户对企业的产品或服务持否定态度，企业的（　　）就立即归零。

A. 营业额　　B. 美誉度

C. 客户数量　　D. 客户期望

4.（　　）是客户关系管理的中心，其目的是增强客户满意度与忠诚度。

A. 增强客户感　　B. 客户关怀

C. 客户满意度　　D. 了解客户

5. FAQ是（　　）的英文缩写。

A. 客户关系管理　　B. 建设和管理常见问题解答库

C. 客户关怀　　D. 客户拜访

四、多项选择题

1. 网络客户关系维护的特点（　　）。

A. 突破空间距离　　B. 客户主动性强

C. 提高维护效率　　D. 坚持5S服务

2. 从纵向层次上，物流客户满意可以分为三个逐层递进的满意层次（　　）。

A. 物质满意层　　B. 精神满意层

C. 个人满意层　　D. 社会满意层

3. 常用的顾客满意度调查方法有（　　）。

A. 问卷调查　　B. 电话

C. 上门访问　　D. 网络调查

4. 客户满意度调查内容涉及（　　）等方面。

A. 客户形象　　B. 服务产品

C. 服务行为　　D. 企业形象

5. 了解客户对物流服务的期望，可从对（　　）的期望去考虑。

A. 服务总体质量　　B. 客户预期

C. 服务需求满足程度　　D. 服务可靠性

五、简答题

1. 简述重点客户关系维护的措施。

2. 简述客户满意度调查的作用。

3. 客户满意度调查问卷应反映哪些内容？

六、案例分析题

北欧航空公司是在20世纪80年代初期因业绩衰退而陷入赤字困境。当时任关系企业总经理的卡尔森临危受命，接任总公司总经理一职，开始重建工作。

卡尔森没有像其他公司一样裁减员工、削减经费，而采取了完全不同的做法。他认为经营上最重要的不是这些，而是在全球各地的一线员工与客户的接触过程中。每天大约五万人次的接触中，能否使客户满意，是决定公司业绩的主要原因。

为使公司上下能够统一思想，卡尔森召集了150名高级职员、经理，进行长达3周的集中会议，然后由他们将会议精神灌输给所有的员工，对企业文化、员工价值和行动习惯进行改革。与此同时，新设立“欧洲级”座位，为那些从正规途径购买机票的商人特别开辟了商业人士专用的等级，受到了极佳的评价。每当出现飞机延误，卡尔森必定亲自打电话了解原因，以彻底实施准确的时间管理。

除了服务的改革之外，卡尔森还努力排除公司内部阻碍，发掘内部组织、制度及手续上可能影响客户满意的问题，并加以解决。通过这些措施，顾客对北欧航空的印象全然改观，并且在短时间内实现扭亏为盈，成功地完成了公司重建的任务。

1. 卡尔森为什么将着眼点置于每天从业人员与客户间的无数接触过程中呢？
2. 卡尔森是如何巩固和开发客户的？